KB009901

부자를 만드는 주식투자의 공식

경제적 해자

부자를 만드는 주식투자의 공식
경제적 해자 (원제 : The Little Book That Builds Wealth)

1판 1쇄 2021년 3월 22일
　　3쇄 2023년 4월 22일

지 은 이 팻도시
옮 긴 이 전광수

발 행 인 주정관
발 행 처 북스토리㈜
주　　소 서울특별시 마포구 양화로 7길 6-16 서교제일빌딩 201호
대표전화 02-332-5281
팩시밀리 02-332-5283
출판등록 1999년 8월 18일 (제22-1610호)
홈페이지 www.ebookstory.co.kr
이 메 일 bookstory@naver.com

ISBN 979-11-5564-223-8 03320

※잘못된 책은 바꾸어드립니다.

부자를 만드는 주식투자의 공식

경제적 해자

The Little Book
That Builds Wealth

팻 도시 지음 | 전광수 옮김

북스토리

1984년 내가 모닝스타Morningstar를 창업했을 때 내 목표는 뮤추얼펀드에 투자하는 사람들에게 도움을 주는 것이었다. 당시의 투자정보라는 것은 몇몇 금융 전문 잡지들이 실적자료를 발표하는 정도가 전부였다. 나는 저렴한 가격에 기관 수준의 고급 정보를 제공한다면 점점 커져가는 시장의 수요를 만족시킬 수 있을 것이라고 생각했다.

그러나 나에게는 또 다른 목표가 있었다. 나는 '경제적 해자Economic Moats'가 있는 사업을 키우고 싶었다. 워렌 버핏Warren Buffet이 처음 사용한 용어인 경제적 해자는 마치 성城의 해자垓字처럼 한 회사를 경쟁사들로부터 보호하는 지속 가능한 강점을 말한다. 버핏은 1980년대에 버크서 해서웨이Berkshire Hathaway Inc의 연례보고서에서 해자의 개념을 제시했다. 이 보고서를 연구하고 난 후 나는 버핏의 이러한 통찰력을 이용하여 성공적인 사업을 구축할 수 있으리라고 생각했다. 경제적 해자는 사업과 주식 분석의 기초로 삼기에 매우 합리적인 개념이었던 것이다.

내가 모닝스타를 창업했을 때에도 분명한 시장 수요가 있었지만, 나는 눈앞의 수익에 급급하기보다 해자의 잠재력을 지닌 회사를 만들고자 애썼다. 시간과 돈과 열정을 투자해서 사업을 키우더라도 후발 경쟁사에게 우리의 고객을 빼앗긴다면 무슨 소용이 있겠는가?

내가 꿈꾸는 사업은 경쟁자가 모방하기 어려운 사업이었다. 나는 모닝스타의 경제적 해자에 신뢰할 수 있는 브랜드, 대규모 금융 데이터베이스, 독점적인 분석론, 뛰어난 지식을 갖춘 대규모 사내 분석가 그룹, 그리고 다수의 헌신적인 고객 기반까지 포함되기를 원했다. 그래서 나의 투자 경력, 커져가는 시장의 수요, 그리고 폭넓은 해자 잠재력이 있는 사업 모델을 바탕으로 마침내 회사를 창업했다.

지난 23년 동안 모닝스타는 상당한 성공을 거두었다. 현재 회사 매출은 연 4억 달러가 넘고 수익률은 업계 평균보다 높다. 해자를 더 넓고 깊게 파기 위해 우리는 열심히 노력해왔고, 새로운 투자를 할 때마다 항상 이 목표를 기억했다.

경제적 해자의 개념은 모닝스타의 주식투자에 대한 접근 방법의 기초이기도 하다. 우리는 투자자들이 폭넓은 경제적 해자를 지닌 회사에 장기적인 투자를 집중해야 한다고 생각한다. 이들 기업은 오랜 기간 동안 잉여수익을 획득할 수 있을 뿐만 아니라, 이들이 발생시키는 평균 이상의 수익률은 시간의 흐름에 따라 기업 주가에 반영될 것이다. 또한 이들 주식은 다른 주식보다 더 오랫동안 보유할 수 있으므로 거래수수료를 절감할 수도 있다. 폭넓은 해자를 보유한 회사는 모든 투자자의 핵심 포트폴리오에 포함될 만한 좋은 후보이기도 하다.

"매형이 추천했어"라든가 "『머니Money』지에서 그 주식에 대한 글을 읽었어"라는 식으로 수동적으로 투자하는 사람들이 세상에는 의외로 많다. 또한 일일 가격 변동과 단기적인 시장 변화에 대해 거만하게 말하는 전문가들로 인해 투자자들은 쉽게 마음이 흔들리기도 한다. 하지만 이런 것들보다는 주식을 평가하는 데 도움을 주는 개념적인 중심축을 가지고 합리적인 포트폴리오를 구축하는 편이 낫다. 이런 측면에서 해자는 아주 값진 개념이다.

해자의 개념을 창안한 사람은 버핏이지만 우리는 이 개념을 한 단계 더 발전시켰다. 우리는 높은 전환 비용과 규모의 경제 같은 해자의 가장 흔한 속성들을 확인했고, 이들 속성에 대한 충분한 분석을 제공했다. 투자란 기술적인 것이지만, 우리는 수십 년간 어떤 기업이 해자를 가지고 있는지 규정할 수 있는 방법을 보다 과학적으로 만들기 위해 노력해왔다.

해자는 모닝스타에서 주식을 평가하는 데 핵심적인 요소이다. 우리 회사에서는 100명이 넘는 주식 분석가들이 100여 개의 산업 분야에 걸쳐 있는 2,000여 개의 주식공개 기업들을 취급하고 있다. 우리의 주식평가의 두 가지 핵심 요소는 첫째, 우리가 추정한 주식의 적정가격을 기준으로 계산한 할인율과 둘째, 회사가 가진 해자의 규모이다. 분석가들은 상세한 할인현금흐름 모델을 구축하여 각 회사의 적정 가치를 평가한다. 그런 다음 이 책에서 제시하게 될 방법을 바탕으로 해자의 등급을 '넓음Wide' '좁음Narrow' 혹은 '없음None'으로 평가한다.

우리가 해자가 있는 회사를 찾는 것은 물론 이런 회사의 주식을 정상가격보다 상당히 저렴한 가격으로 구매하고자 하는 것이다. 워렌 버핏, 오크마크 펀드Oakmark Funds의 빌 나이그렌Bill Nygren, 롱리프 펀드Longleaf Funds의 메이슨 호킨스Mason Hawkins를 비롯한 최고의 투자자들은 모두 그렇게 하고 있다. 모닝스타는 이 방법을 다양한 종류의 기업에 대해 일관되게 적용하고 있다.

해자의 개념을 광범위한 분야의 기업에 적용함으로써 우리는 지속 가능한 경쟁우위를 제공할 수 있는 기업들의 특성에 관한 고유한 시각을 얻을 수 있게 되었다.

모닝스타의 주식 분석가들은 정기적으로 동료들과 해자

에 대해 논쟁하고 자신들이 평가한 기업들의 해자 등급을 상급관리자들에게 설명해야 한다. 해자는 모닝스타의 문화에서 중요한 부분이자 분석 보고서의 핵심주제 중 하나이다.

모닝스타의 주식 연구팀을 맡고 있는 팻 도시Pat Dorsey는 이 책에서 우리 회사의 총체적인 경험을 정리해서 독자들에게 전달하고 모닝스타의 기업평가 과정을 설명한다. 그는 당사의 주식 연구와 경제적 해자 등급 개발에 중요한 역할을 해왔으며 이와 관련된 지식과 경험도 풍부하다. 뿐만 아니라 도시는 말과 글로 표현하는 능력이 뛰어난 커뮤니케이션 전문가이다. 그는 몇몇 TV 프로그램에 출연할 만큼 투자에 대해 쉽고 재미있게 설명하고, 자신이 생각한 바를 표현하는 재능이 탁월하다.

이 책에서 도시는 경제적 해자에 근거한 투자 결정이 왜 영리하고 장기적인 접근 방법인지, 그리고 독자들이 이러한 접근 방법을 이용해서 어떻게 부를 쌓을 수 있는지에 대해 설명한다. 독자들은 경제적 해자를 지닌 기업들을 식별하고, 기업의 진짜 주식가치를 판단할 수 있는 방법을 매우 쉽고 재미있게 배울 수 있을 것이다. 또한 독자들은 이 책을 통해서 실질적으로 폭넓은 해자를 지닌 기업들이 오랫동안 평균 이상의 수익을 달성한 반면 해자가 없는 기업들은 장기적인 관점에서 주주를 위한 가치를 만들어내는 데 실패했다는 사실을 배움으로써 '경제적 해자의 힘'을 알게 될 것이다.

당사의 주식 분석 팀장인 헤이우드 켈리Haywood Kelly와 개인투자자 사업부장인 캐서린 오델보Catherine Odelbo도 모닝스타의 주식 연구 능력을 발전시키는 데 핵심 역할을 해왔다. 또한 매일 수준 높은 해자 분석을 하고 있는 우리 회사의 전체 주식 분석 직원들의 공로도 칭찬을 받아 마땅하다.

이 책은 짧지만 꼼꼼하게 읽는다면 현명한 투자 결정을 내리기 위한 튼튼한 기초를 세울 수 있게 해줄 것이다.

이 책을 읽는 모든 독자의 성공적인 투자를 기원하며……

Joe Mansueto

(모닝스타 주식회사의 설립자 & 대표이사)

모든 책은 협업을 통해 만들어진다. 이 책도 예외는 아니다. 지금까지 나는 뛰어난 분석가들과 함께 일을 하는 행운을 누려왔다. 이들이 없었다면 나는 투자에 대해서 지금보다 훨씬 아는 것이 적었을 것이다. 모닝스타 주식 분석가들의 공헌은 이 책에 많은 도움을 주었다. 특히 특정 포인트에 대한 예를 드는 부분에서 적절한 사례를 선택했는지 확인할 때 많은 도움을 받았다. 이토록 영리하고 멋진 동료들이 있다는 것은 축복이다. 그들이 존재하기에 나는 매일 즐겁게 출근할 수 있다.

편집상 소중한 피드백을 제공해주고, 여러 해 전 나를

모닝스타의 직원으로 채용해준 모닝스타의 주식 분석 책임자인 헤이우드 켈리에게 감사를 표한다. 또한 내가 이 책을 쓰는 동안 나의 관리업무를 맡아준 주식 분석 담당 이사 헤서 브릴리언트Heather Brilliant, 아이디어를 도표로 그려준 크리스 캔토어Chris Cantore, 나의 글을 더 세련되게 다듬어준 카렌 월러스Karen Wallace, 프로젝트 일정을 관리해준 모린 달렌Maureen Dahlen과 사라 머신저Sarah Mersinger에게 감사드린다.

모닝스타의 주식 분석팀을 잘 이끌어주는 사업부장 캐서린 오델보와 투자자들을 항상 제일 먼저 생각하는 세계적인 기업 모닝스타의 창립자 조 맨수에토Joe Mansueto 회장님에게도 깊은 감사를 드린다.

그리고 마지막으로 아낌없는 사랑과 지원을 주는 부인 캐서린, 매일 내게 행복을 안겨주는 쌍둥이 벤과 앨리스에게 사랑과 감사의 마음을 바친다.

CONTENTS

세계 최고 투자자들의 게임 플랜

주식시장에서 돈을 버는 방법은 많다. 월스트리트 게임에 참여하여 트렌드를 주의 깊게 관찰하고 매 분기에 어느 기업들이 수익 추정치를 뛰어넘을 것인지 알아맞히려고 노력할 수도 있다. 하지만 이 방법에는 많은 위험이 도사리고 있다. 급격한 오름세나 성장세를 보이는 강력한 주식을 매수할 수는 있지만 후일 매수 가격보다 더 높은 가격에 해당 주식을 매수할 구매자가 나타나지 않을 수도 있다. 또한 기본적인 사업의 질에 상관하지 않고 저가에 주식을 매수할 수 있지만, 그럴 경우 반등하는 주식의 수익으로 망해가는 주식의 손실을 메워야 할지도 모른다.

그리고 단순히 우수한 기업의 주식을 합리적인 가격에 사서 오랜 기간 보유함으로써 현금을 늘려나갈 수도 있다. 이 전략은 세계 최고의 투자자들(가장 유명한 사람은 워렌 버핏이다)이 사용하고 있지만 놀랍게도 이 전략을 따르는 펀드매니저들은 그렇게 많지 않다. 이 전략을 실행하기 위해 따라야 하는 게임 플랜은 단순하다.

1단계, 여러 해 동안 평균보다 높은 수익을 낼 수 있는 기업들을 찾는다.

2단계, 그 기업들의 주식이 가치보다 낮은 가격에 거래될 때까지 기다렸다가 매수한다.

3단계, 주가가 과대평가되었을 때, 회사가 상승 가도를 달리다가 악화되려고 할 때, 또는 더 나은 투자처를 찾을 때까지 이들 주식을 보유한다. 이때 보유 기간은 개월이 아니라 연 단위로 측정해야 한다.

4단계, 필요할 경우 위의 단계들을 반복한다.

이 책은 1단계, 즉 장기적으로 성장 잠재력이 있는 우수한 기업들을 찾아내는 방법에 대한 이야기이다. 이것을 할 수 있다면 이미 대부분의 투자자들보다 앞서가고 있는 것이다. 이 책의 뒷부분에서는 주식의 가치를 평가하는 몇 가지 요령과 주식을 매도하는 시기에 대한 몇 가지 지침을 제시할 것이다.

여러 해 동안 높은 이익을 낼 수 있는 기업들을 찾는 일이 왜 그렇게 중요한가? 이 질문에 대한 답을 찾기 위해서는 잠시 근본으로 돌아가 기업의 목적에 대해 생각해보아야 한다. 기업의 목적은 투자자에게 투자를 받아 이익을 창출하는 것이다. 기업은 서비스나 제품 개발에 자본을 투자하여 다시 자본을 창출해내는 커다란 기계일 뿐이다. 좋은 기업이라면 투자된 자본보다 더 큰 자본을 창출할 것이고, 좋지 않은 기업이라면 그 반대의 경우가 발생할 뿐이다. 투자 기업이 장기간에 걸쳐 높은 자본이익률을 달성한다면 매우 경이적인 속도로 투자자의 부를 늘려줄 것이다.•

그러나 이러한 일을 해낼 수 있는 기업은 흔치 않다. 자본이익률이 높은 기업에는 꿀 주위에 벌떼들이 모여드는 것처럼 경쟁자들이 몰리기 때문이다. 이것이 자본주의의 원리이다. 돈은 언제나 가장 높은 예상수익을 낼 만한 곳을 찾는다. 당연히 이익이 많이 나는 기업의 문 앞에는 빠른 속도로 경쟁자가 나타나기 마련이다.

일반적으로 자본이익률은 '평균 회귀'의 특성을 가진다. 즉, 어느 기업의 이익률이 높으면 그 기업을 모방하는 경쟁사들이 모여들게 되면서 수익이 줄어들게 된다. 반대로 이익률이 낮은 기업들은 새로운 사업으로 진입하거나 경쟁사가 떠나면서 수익이 개선된다.

그러나 이러한 특성에도 불구하고 일부 기업들은 오랜 기간에 걸쳐 냉혹한 경쟁을 견뎌낼 수 있다. 이들이 바로 부를 증대시키기 위해 여러분의 포트폴리오의 기반으로

● 자본이익률은 기업의 수익성에 대한 가장 좋은 기준으로 기업이 공장, 사람, 투자 등 모든 자산을 이용하여 얼마나 효과적으로 주주들에게 돈을 벌어주는지를 측정한다. 뮤추얼펀드 관리자가 수익을 달성하는 방식과 같은 것이라 할 수 있다. 단지 기업의 관리자들이 주식과 채권 대신 프로젝트와 제품에 투자하는 것뿐이다. 자본이익률에 대해서는 2장에서 더 자세히 설명하기로 하겠다.

포함시켜야 할 기업들이다. 안호이저 부시Anheuser-Busch, 오라클Oracle, 존슨 앤드 존슨Johnson & Johnson 같은 기업들을 생각해보라. 이들은 오랫동안 강력한 경쟁 위협에 맞서 싸우면서 과거에도 그리고 현재에도 매우 높은 자본이익률을 달성하고 있다. 단지 운이 좋았던 것일 수도 있지만 대부분의 기업들에는 없는 '특별한 무엇인가'를 가지고 있을 가능성이 높다.

그렇다면 현재 우수할 뿐만 아니라 앞으로 오랫동안 계속 우수성을 유지할 가능성이 높은 이와 같은 기업들을 어떻게 찾아낼 수 있을까? 이 질문에 대한 답은 의외로 아주 간단하다. 투자하려고 하는 기업들에 대해서 다음과 같은 질문을 하나 던져보면 된다. "자금력과 순발력을 갖춘 신규 진입자들이 그 회사의 영역에 발을 들여놓지 못하는 것은 무엇 때문일까?"라고.

이 질문에 대답하려면 경쟁력 또는 경제적 해자라고 하는 구조적 특성을 살펴봐야 한다. 중세 시대 성 주위에 만들어져 있는 해자가 적들의 공격을 막는 것처럼 경제적 해자는 세계 최고의 기업들이 누리고 있는 높은 자본이익률을 보호해준다. 해자가 있는 기업을 확인하고 그 기업의 주식을 합리적인 가격에 매입할 수 있다면, 주식시장에서 성공할 확률을 크게 높여주는 훌륭한 기업들의 포트폴리오를 구축할 수 있을 것이다.

그렇다면 해자를 특별하게 만들어주는 것은 무엇인가? 이것이 1장의 주제이다. 2장에서는 실체가 없는 가짜 경쟁력을 구별해낼 수 있는 방법을 알려줄 것이다. 즉, 일반적으로 기업의 차별화된 경쟁력이라고 생각되지만 실제로는 전혀 신뢰할 수 없는 기업의 특성이라는 것을 알아낼 것이다. 그다음에는 몇 장에 걸쳐 경제적 해자의 원천들에 대해서 연구할 것이다. 기업들에게 정말로 지속 가능한 경쟁력을 제공하는 특질들은 분명히 존재한다. 우리가 알아야 할 것은 바로 이것이며, 이에 대해 상세하게 설명할 것이다.

이것이 이 책의 전반부이다. 전반부에서 경제적 해자를 이해하기 위한 기초를 세운 후에 후반부에서는 침식되고 있는 해자를 발견하는 방법, 경쟁력을 만드는 데 핵심적인 역할을 하는 산업구조, 그리고 경영진이 어떻게 해자를 만들고 파괴하는지에 대해서 설명할 것이다. 또한 사례연구를 통해 앞서 살펴본 경쟁력 분석 도구들을 잘 알려진 몇몇 기업들에 적용해보기도 할 것이다. 그다음 가치평가 방법을 개략적으로 정리할 것이다. 해자가 넓은 기업이라도 주식을 지나치게 비싼 가격에 산다면 좋지 않은 투자가 될 것이기 때문이다.

홀륭한 기업은 주위에 깊은 해자를 두른

견고한 성과 같다.

- 워렌 버핏 -

chapter 1

무너지지 않는 기업의 비밀

왜 경제적 해자인가?

대부분의 사람들은 내구성이 뛰어난 물건에 더 많은 돈을 지불하는 것을 당연하게 생각한다. 주방 기구든, 자동차든, 주택이든 더 오래 사용할 수 있는 물건은 가격이 더 높은데 비싸게 사더라도 몇 년 더 오래 사용함으로써 보답을 받을 수 있기 때문이다. 일본 자동차가 중국 자동차보다 더 비싸고 전문업체에서 파는 연장이 동네 철물점에서 파는 연장보다 더 비싼 것도 같은 이치다.

주식시장에도 이와 같은 개념을 적용할 수 있다. 영속성이 있는 기업, 즉 경쟁력이 뛰어난 기업은 가치가 높은 반

면 경쟁력이 없는 기업의 가치는 한순간에 영^{zero}이 되어버
릴 수도 있다.

이것이 투자자로서 여러분에게 경제적 해자가 의미 있
는 가장 큰 이유이다. 해자가 있는 기업은 해자가 없는 기
업보다 더 가치가 높다. 따라서 경제적 해자가 있는 기업
들을 찾아낼 수만 있다면 정말로 가치가 있는 기업의 주식
만 살 수 있을 것이다.

해자가 기업의 가치를 높이는 이유를 이해하기 위해 먼
저 무엇이 주식의 가치를 결정하는지에 대해 생각해보자.

어떤 기업의 주식 1주를 가진 투자자는 그 회사에 대해
전체 주식 수에서 1주만큼의 작은 소유권을 갖는다. 상가
건물의 가치가 입주자들이 지불하는 임대료에서 유지보수
비용을 제한 금액으로 결정되는 것처럼, 한 회사의 가치
는 그 회사가 평생 동안 벌어들일 것으로 예상되는 현금의
현재가치●에서 그 회사가 사업을 유지하고 확대하기 위해
소비하는 비용을 제한 금액과 같다.

유사한 수준의 현금을 창출해낼 수 있는 자본금을 보유

하고 있고, 성장 속도도 거의 유사한 두 회사가 있다고 하자. 그렇다고 해서 10년 후에도 두 회사의 자본이익률이 같다는 보장은 할 수 없다. 경제적 해자를 지니고 있는 회사라면 10년 혹은 그 이상의 시간이 지나도 그 기간 동안 벌어들인 현금을 재투자하여 더 높은 수익을 올리고 있을 것이다. 그러나 해자가 없는 회사는 경쟁자들이 진입하는 즉시 자본이익률이 곤두박질칠 가능성이 있다.

해자가 있는 기업의 가치가 더 높은 이유는 더 오랜 기간 동안 경제적 이익을 달성할 수 있기 때문이다. 해자가 있는 기업의 주식을 사는 것은 오랜 세월 동안 경쟁사들로부터 보호될 현금흐름을 사는 것과 같다. 이는 몇 년 후에 망가질 낡은 자동차보다는 10년 이상 사용할 수 있는 자동차를 더 비싸게 주고 사는 것에 비유할 수 있다.

● 현재가치를 계산하려면 시점과 확실성을 감안하여 미래의 현금흐름의 합계를 판단해야 한다. 비유하자면 손에 들고 있는 1달러는 숲속에 있는 1달러보다 더 가치가 있다. 따라서 우리가 미래에 받을 수 있을 것으로 확신하는 현금은 받을 것이 확실하지 않은 현금흐름보다 더 가치가 있다. 12장과 13장에서 몇 가지 기본적인 가치평가 원칙에 대해 설명할 것이므로 아직 분명히 이해가 되지 않더라도 걱정할 필요는 없다.

표 1-1에서 수평축은 시간이고 수직축은 투자자본에 대한 수익이다. 왼쪽 표의 경제적 해자가 있는 회사의 경우 자본이익률이 하락하는 데 걸리는 시간이 더 긴 것을 알 수 있다. 그 이유는 오랜 시간 동안 경쟁사를 따돌릴 수 있기 때문이다. 반면 오른쪽의 해자가 없는 회사는 훨씬 심한 경쟁에 시달리므로 자본이익률이 훨씬 더 빨리 하락한다. 검게 칠한 부분은 각 회사의 경제적 가치의 합계이다. 이 표를 보면 시간이 흐름에 따라 해자가 있는 기업의 경제적 가치의 합이 훨씬 더 크다는 사실을 알 수 있다.

투자자에게 해자가 중요한 이유는 이것이 기업의 가치를 높여주기 때문이다. 해자를 확인하는 일은 주식을 매수

[표 1-1] 경제적 해자가 있는 회사와 경제적 해자가 없는 회사

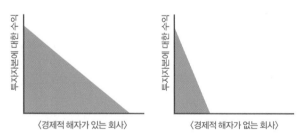

〈경제적 해자가 있는 회사〉　　　〈경제적 해자가 없는 회사〉

할 기업을 선택하는 일뿐만 아니라 어떤 가격으로 사야 하는지에 대해서도 큰 도움을 줄 수 있다.

해자가 중요한 여러 가지 이유

해자가 주식 선택 과정의 핵심 부분이 되어야 하는 또 다른 이유는 해자에 대해 생각함으로써 다양한 방법으로 투자자본을 보호할 수 있다는 것이다.

우선 해자는 투자 원칙을 확고하게 만들어 경쟁력이 불확실한 인기 기업의 주식을 비싸게 살 가능성을 낮출 수 있다. 그런 회사는 일시적으로 자본이익률이 높더라도 결국에는 반드시 경쟁이 치열해지면서 수익이 점점 줄어들게 될 것이다. 이러한 퇴보 과정은 빠르게 진행될 것이고, 기업과 투자자 모두에게 고통을 안겨주게 될 것이다.

한때는 인기가 뜨거웠지만 지금은 존재조차 사라진 십대 고객을 대상으로 하는 소매업자들이나 급속도로 성장했지만 다른 회사가 더 나은 제품을 출시하자마자 하루아침에 사라져버린 IT 회사들을 생각해보라.

높은 이익률과 빠른 성장률에 매혹되기는 쉽지만 정말로 중요한 것은 높은 이익률을 얼마나 오랫동안 유지할 수 있는가 하는 것이다. 해자는 어느 날 갑자기 사라져버릴 기업과 진짜 경쟁력을 갖춘 기업을 구별해낼 수 있는 기본 틀을 제공한다.

뿐만 아니라 해자를 정확히 분석할 수 있다면 영구적인 자본 손실, 즉 회복할 수 없을 만큼의 큰 투자자산을 잃게 될 가능성을 크게 줄일 수 있을 것이다. 해자가 있는 기업들은 시간의 흐름에 따라 자신의 내재가치를 꾸준히 높일 가능성이 높으므로 설사 당신이 나중에 생각했을 때 약간 높은 가격으로 이들 회사의 주식을 샀다 하더라도 내재가치의 성장이 투자수익을 보호해줄 것이다.

반면에 해자가 없는 기업들은 경쟁이 심해지면 갑작스럽게 내재가치가 하락할 가능성이 높기 때문에 이런 기업의 주식은 무조건 낮은 가격에 사야 한다.

또한 해자가 있는 기업들은 탄력성이 더 높다. 구조적으로 경쟁력을 갖춘 기업들은 일시적인 어려움이 닥치더라

28

도 회복할 가능성이 더 높다는 말이다.

코카콜라는 몇 년간 출시한 뉴코크나 C2 같은 제품들이 완전히 실패하는 바람에 많은 손실을 입었지만, 코카콜라라는 강력한 핵심 브랜드가 있었기 때문에 그다지 큰 타격을 받지는 않았다.

또한 코카콜라는 음료시장의 트렌드가 물과 주스 같은 비탄산음료로 바뀌어가고 있다는 사실을 너무 늦게 깨달았다(이것이 이 회사가 몇 년간 저조한 성장률을 보인 이유 중 하나이다). 하지만 코카콜라는 다행스럽게도 자사의 유통망을 통제하고 있는 덕분에 다사니 워터라는 제품을 출시하고 비탄산음료 브랜드들을 인수하여 유통시킴으로써 어느 정도 위기에서 회복될 수 있었다.

또 다른 예로 2000년대 초에 맥도날드가 겪었던 어려움을 들 수 있다. 패스트푸드 업계는 엄청나게 경쟁이 심하기 때문에 고객 서비스가 나빠지고 변화하는 고객의 입맛을 맞추지 못하는 회사는 쉽게 도산할 수 있다. 실제로 2002년과 2003년에 경제 분야 언론들은 맥도날드가 곧 망

할 것처럼 보도하기도 했다. 하지만 이미 패스트푸드로서 하나의 아이콘이 되어버린 브랜드와 엄청난 규모를 가진 맥도날드는 쉽게 무너지지 않았고, 결국 변신을 통해 위기를 극복할 수 있었다. 만일 해자가 없는 외식업 체인이었다면 그렇게 할 수 없었을 것이다.

재미있는 점은 해자가 있는 기업들의 이와 같은 탄력성은 뛰어난 기업의 주식을 합리적인 가격에 사고자 하는 투자자들에게 엄청난 심리적 장벽을 만든다는 것이다. 왜냐하면 좋은 기업의 주식은 무언가 문제가 있을 때만 저렴한 가격을 형성하기 때문이다. 하지만 어떤 기업의 주식가격이 내려가기 전에, 즉 언론의 높은 평가가 갑자기 돌변하기 전에 해자를 분석한다면 그 회사의 어려움이 일시적인 것인지 혹은 치명적인 것인지 판단할 수 있는 통찰력을 갖게 될 것이다.

마지막으로 해자는 '경쟁의 범주'를 정의하는 데 도움을 줄 수 있다. 대부분의 투자자들은 광범위한 산업 분야를 아우르며 투자하기보다는 자신이 잘 아는 분야, 예를 들어 금융 서비스 기업이나 IT 기업처럼 특정 분야와 관련된 주식에 투자하는 경향이 있다. 물론 이것으로 때론 높은 수익을 올리기도 한다. 하지만 어떤 특정 분야에 전문가가 되는 것보다 경쟁력이 있는 기업에 대한 전문가가 되는 편이 더 바람직하지 않겠는가? 광대하지만 리스크가 도사리고 있어서 다루기 힘든 투자의 세계에서, 자신이 잘 알고 있는 양질의 기업을 고를 수 있다.

이 책에서 내가 하려고 하는 것은 바로 당신을 경제적 해자를 인지할 수 있는 전문가로 만드는 것이다. 이 책을 읽는 당신이 다른 사람들이 보지 못하는 해자를 볼 수 있다면 미래에 훌륭한 기업이 될 기업의 주식을 저렴한 가격에 살 수 있을 것이다.

하지만 이에 못지않게 중요한 사실은, 시장에서는 마치 영속적인 경쟁우위를 지니고 있는 것처럼 가격이 높게 매겨져 있지만 실상 해자가 없는 기업도 득시글거린다는 것이다. 이들을 인지할 수만 있다면 자신의 포트폴리오에 손해를 입힐 가능성이 있는 주식들은 피할 수 있게 될 것이다.

The Bottom Line

1. 주식을 산다는 것은 어떤 회사의 작은 일부분을 소유한다는 것을 의미한다.

2. 회사의 가치는 그 회사가 미래에 창출할 수 있는 모든 현금과 같다.

3. 장기간에 걸쳐 현금을 수익으로 창출할 수 있는 기업은 단기적으로만 수익을 창출하는 기업보다 더 높은 가치가 있다.

4. 자본이익률은 회사의 수익성을 판단하는 가장 좋은 방법이며, 투자자의 돈으로 수익을 창출할 수 있는 회사의 능력을 측정하는 척도이다.

5. 경제적 해자는 장기적으로 더 많은 돈을 벌 수 있도록 도와줌으로써 경쟁으로부터 기업을 보호할 수 있기 때문에 경제적 해자가 있는 기업은 투자자에게 더 높은 가치가 있는 기업이다.

chapter 2

거짓 경쟁력에 속지 말라

실체가 없는 해자

투자업계에는 '말에게 투자하지 말고 기수에게 투자하라'라는 격언이 있다. 회사의 질보다 경영진의 질이 더 중요하다는 것이다. 내가 생각하기에 이것은 경마에서나 의미가 있는 격언이다. 경주마는 애초에 빨리 달리도록 길러지고 훈련받아서 말들 사이의 수준 차이가 비교적 크지 않고 특히 경마장에서는 노새와 조랑말이 순수 혈통의 말과 함께 경주하지 않기 때문이다.

하지만 비즈니스 세계는 이와 다르다. 주식시장에서는 노새와 조랑말이 순수 혈통의 말들과 함께 경주한다. 아무리 세계 최고의 기수라도 훈련을 시작한 지 이제 고작 몇 주밖에 지나지 않은 신참 경주마를 타야 한다면 어쩔 도리가 없다. 반면에 아무리 경험이 없는 신참 기수라도 켄터키 더비 경마대회에서 우승한 말을 탄다면 우수한 성적을 낼 가능성이 높다. 투자자로서 여러분은 '기수'가 아니라 '말'에 초점을 맞추어야 한다.

왜 그럴까? 경제적 해자에 대해서 기억해야 할 가장 중요한 사실은 회사를 오랫동안 생존하게 하는 것은 회사의 구조적인 특성이며, 이것은 경쟁자가 흉내 내기 매우 어렵다는 것이다.

경제적 해자의 관점에서는 회사의 경영 능력보다 이미 내재되어 있는 구조적인 경쟁력이 더 중요하다. 즉, '주어진 패를 어떻게 다루는가'보다 '처음부터 어떤 패를 들고 있었는가'가 더 중요시된다. 투 페어를 가지고 있는 세계 최고의 포커 플레이어보다 스트레이트 플러시를 가지고 있는 아마추어가 이길 확률이 더 높은 것이다.

경쟁이 치열한 산업 분야에서는 특별한 고객 서비스와

저가 전략으로 성공한 델Dell이나 사우스웨스트Southwest 항공사처럼 전략이 경쟁우위를 만들어내는 경우도 종종 있기는 하다. 그렇다고 해도 어떤 회사들은 이미 구조적으로 다른 회사보다 더 우월한 위치에 놓여 있는 것이 냉정하지만 엄연한 현실이다. 제약 회사나 은행은 아무리 관리가 부실하다 하더라도 정유 회사나 자동차 부품 회사보다 장기적으로는 더 높은 자본이익률을 달성할 것이다. 그러니 진주 목걸이를 한다고 해도 돼지는 결국 돼지에 불과할 뿐이다.

월스트리트에서는 일반적으로 단기적인 성과에 초점을 맞추기 때문에 투자자들은 단기적인 수익을 장기적인 경쟁력과 혼동하기 쉽다. 경험에 따르면 가장 흔한 '실체 없는 해자'는 뛰어난 제품, 높은 시장점유율, 운영 효율성, 그리고 우수한 경영진이다. 이 네 가지 덫은 어떤 회사가 경제적 해자를 지니고 있다고 착각하도록 유혹하지만 사실은 그렇지 않을 가능성이 높은 것들이다.

해자인가 덫인가

뛰어난 제품은 분명히 단기적인 성과를 낼 수 있다. 하지만 그것이 경제적 해자인 경우는 드물다.

예를 들어 크라이슬러Chrysler는 1980년대 처음으로 미니밴을 출시했을 때 몇 년 동안 마치 돈을 찍어내듯 많은 매출을 올렸다. 물론 높은 수익률을 얻기가 어려운 산업에서 경쟁사들도 크라이슬러의 성공을 간과하지 않았고, 이내 모든 경쟁사들이 앞 다투어 미니밴을 출시했다. 자동차시장의 구조적인 특성으로 인해 다른 회사들은 크라이슬러의 수익을 빼앗아갔고 미니밴 파티는 곧 종지부를 찍게 되었다.

반면 크라이슬러의 미니밴이 나오고 얼마 지나지 않아서 젠텍스Gentex라는 작은 자동차 부품회사가 자동으로 어두워지는 백미러를 출시했다. 자동차 부품 시장은 자동차시장 못지않게 경쟁이 심하지만 젠텍스는 백미러에 대한 다수의 특허를 가지고 있었기 때문에 다른 회사들은 이 회사와 경쟁할 수가 없었다. 그 결과 여러 해 동안 젠텍스는 높은 수익을 올렸고, 백미러를 처음 시장에 내놓고 나서

20년이 넘은 오늘날까지도 이 회사의 투자자본이익률^{ROIC,} Return on Invested Capital은 20%를 초과한다.

다시 한 번 강조하지만 자신의 사업을 보호할 경제적 해자가 없는 회사는 경쟁사의 추격에 곧 수익을 모두 빼앗기게 될 것이다. 월스트리트에는 눈 깜짝할 사이에 영웅에서 거지로 전락해버린 회사들의 잔해가 수북이 쌓여 있다.

크리스피 크림^{Krispy Kreme}이라는 회사를 기억하는가? 정말 맛있는 도넛을 만들지만 경제적 해자가 없었기 때문에 소비자들이 다른 도넛 브랜드로 쉽게 옮겨 가버리거나 도넛 소비량을 줄여버렸다. 한때 수년간 십 대들 사이에서 높은 인기를 구가했던 타미 힐피거^{Tommy Hilfiger}는 어떤가? 지나치게 의욕적으로 시장에 물건을 푸는 바람에 브랜드에는 흠집이 났고, 의류는 재고 정리 진열대로 밀려났으며, 결국 회사의 재정은 나락에 빠져버렸다. 이 외에도 인터넷 거품을 기록한 역사책의 각주에나 기록될 법한 펫츠닷컴^{Pets.com}, 이토이^{eToy}를 비롯한 수많은 전자상거래 웹사이트들도 있다.

최근의 에탄올 열풍도 교훈적인 사례다. 2006년에 원유 가격 상승, 정유 용량 포화, 휘발유 기준 변경, 에탄올의 주요 원료인 옥수수 풍작과 같은 여러 사건들이 겹쳐서 대부분의 에탄올 생산 회사들은 35%의 높은 영업이익을 누렸고, 모든 생산업체들이 견실한 수익을 달성했다. 월스트리트는 에탄올이 차세대 히트상품이라고 흥분했다. 에탄올 주식이 높은 수익을 계속 유지할 수 있을 것이라고 생각했던 투자자들에게는 불행한 일이지만, 사실 에탄올은 전형적으로 해자가 없는 사업이며 경쟁력을 갖기가 불가능한 1차 상품 산업에 불과하다. 또한 규모의 우위도 불가능하다. 대형 에탄올 공장일수록 훨씬 넓은 지역에서 옥수수를 수확해야 해서 공장의 규모가 확대될수록 원가가 높아지기 때문이다. 여기에 남아 있는 모든 재고를 처리해야 하기 때문에 많은 천연가스를 소비해야 하는 점까지 생각한다면 원가 측면에서 더욱더 불리해진다. 결국 그 후에 어떤 일이 일어났을지는 훤히 짐작할 수 있을 것이다.

1년 후에도 원유가격은 여전히 높았고 미국의 정유 처

리 용량도 여전히 포화 상태였다. 이런 상태에서 옥수수 가격이 폭등했지만, 정유회사는 새로운 휘발유 기준으로 전환해야 했기 때문에 훨씬 더 많은 에탄올 생산업자들이 이 시장에 뛰어들었다.

그 결과 모든 에탄올 생산업체의 영업이익이 추락했으며, 실제로 최대 생산 업체조차 영업이익이 적자를 기록했다. 경제적 해자가 없으면 회사의 재무 성과는 한순간에 뒤집힐 수 있는 것이다.

사실 하나의 히트상품이나 서비스의 성공을 경제적 해자로 만들 수는 있다. 2000년대 초에 시장을 휩쓸었던 강장음료 몬스터를 판매하는 핸슨 내추럴Hansen Natural이 그런 경우다. 핸슨은 성공에 안주하기보다는 몬스터의 성공을 이용해서 음료업계의 거인인 안호이저 부시와 장기적인 유통 계약을 체결함으로써 강장음료시장에서 경쟁력을 획득했다.

몬스터와 경쟁하고자 하는 업체는 핸슨의 유통 경쟁력을 극복해야 한다. 이것이 과연 불가능한 일일까? 물론 그렇지 않다. 펩시와 코카콜라도 자체 유통망을 보유하고 있다. 하지만 이 두 업체의 유통망이 오히려 신규 진입자가 강장음료업계에 들어오고자 하는 것을 어렵게 만들어 핸슨의 수익을 보호해주고 있다. 바로 이것이 경제적 해자의 핵심이다.

지난 수년간의 성공으로 이제 업계를 호령하는 대기업이 된 회사는 어떨까? 시장점유율이 높은 회사는 당연히 경제적 해자를 가지고 있을 것이다. 그렇지 않은가?

불행하게도 경제적 해자의 측면에서는 회사의 규모가 크다고 반드시 더 좋은 것은 아니다. 흔히 시장점유율이 높은 회사는 지속적인 경쟁우위를 가지고 있다고 생각하기 쉽다. 그렇지 않고서야 어떻게 높은 시장점유율을 차지할 수 있었겠는가? 하지만 역사를 돌이켜보면 경쟁이 심한 시장에서는 시장 선두주자가 자주 바뀌어왔다. 코닥, IBM, 넷스케이프, 제너럴 모터스, 그리고 코렐은 이러한 사실을 깨달은 회사들 중 일부이다.

위에 예로 든 모든 회사는 해자를 구축 혹은 유지하는 데 실패했기 때문에 도전자들에게 상당히 높은 시장점유율을 양보해야 했다. 따라서 우리는 '어떤 회사가 높은 시장점유율을 갖고 있는가?'를 묻기보다 '어떻게 그렇게 높은 시장점유율을 달성했는가?'를 물어야 한다.

경우에 따라서는 높은 시장점유율이 큰 의미가 없을 수도 있다는 얘기다. 예를 들어 인공 고관절이나 인공 슬관절과 같은 정형외과용 의료기기업계에서는 작은 기업들도 상당히 높은 ROIC(투자자본이익률)를 달성하며 시장점유율이 자주 바뀐다. 이 시장에서는 회사 규모가 크다고 유리한 것은 아니다. 의사들은 일반적으로 가격에 근거해서 제품을 결정하지 않기 때문이다. 또한 회사마다 제품들이 약간 다른 방식으로 이식되기 때문에 전환 비용이 비교적 높다. 그래서 의사들은 한 회사의 의료기기만 계속 사용하려는 경향이 있다. 그리고 이 전환 비용은 회사나 회사 규모와 상관없이 동일하다. 또한 기술혁신은 점진적으로 일어나기 때문에 연구비 예산을 많이 투자한다고 큰 이익을 얻을 수 있는 것도 아니다.

따라서 규모는 회사가 경쟁우위를 갖는 데 도움을 줄 수 있지만(이 점에 대해서는 7장에서 자세히 다룰 것이다) 그것만으로 경제적 해자가 만들어지는 경우는 드물다. 마찬가지로 높은 시장점유율도 반드시 해자가 되는 것은 아니다.

뛰어난 실행력이라고도 부를 수 있는 운영 효율성은 어떤가? 어떤 회사들은 차단과 공격에 능숙하다고 칭찬받기도 한다. 경쟁사에 비해 더 안정적으로 목표를 달성해내는 회사들은 분명 존재한다. 이렇게 잘 통제된 회사를 운영하는 능력은 경쟁력이 아닌가?

안타깝지만 이 질문에 대한 대답은 '아니오'이다. 구조적인 경쟁력이 없다면 경쟁사보다 효율성이 높은 것만으로는 부족하다. 사실 다른 회사보다 낭비가 적고 비용을 절감해야만 성공할 수 있는 산업 분야라면, 경쟁이 극심해서 성공할 수 있는 유일한 방법이 효율성을 높이는 것뿐일 가능성이 높다. 경쟁사보다 더 효율적으로 일하는 것은 좋은 전략이지만 쉽게 흉내 낼 수 없는 독점적인 업무 프로세스에 근거한 것이 아니라면 지속 가능한 경쟁력이 아니기 때문이다.

능력 있는 CEO도 실체가 없는 해자에 해당된다. 강력한 경영진은 회사의 성과를 높이는 데 도움이 될지도 모른다. 그리고 나 역시 다른 모든 조건이 동일하다면 낙오자보다는 천재가 경영하는 회사의 주식을 살 것이다. 하지만 여러 가지 이유에서 똑똑한 경영자가 방향키를 잡고 있다는 것은 지속 가능한 경쟁력이 아니다.

한 가지 이유는 경영진의 결정의 영향력을 파악하기 위해 실시된 연구에서 회사의 성과에 대한 경영진의 영향력은 그다지 크지 않으며, 그보다 더 중요한 다른 요인들이 많다는 사실이 밝혀졌기 때문이다. 대기업에 대해서 한 명의 개인이 가지고 있는 실질적인 영향력은 대부분의 경우 그렇게 크지 않다는 사실과 일맥상통하는 연구 결과라고도 할 수 있다.

더 중요한 사실은 뛰어난 경영자들을 선택하는 것 자체가 유익하고 진취적인 일이 아닐 가능성이 높다는 것이다. 다시 한 번 강조하지만 해자의 실체를 규명하는 이유는 회사의 성과가 미래에도 지속 가능한 것인지를 판단하기 위한 것이다. 경영자들은 결국 언젠가는 떠날 사람들이다. 특히 요즘과 같이 슈퍼스타 CEO가 회사의 시장가치를 순식간에 수십억 달러 높일 수 있는 시대에는 더욱 그렇다. 미래에 높은 성과를 달성할 것이라고 기대되는 똑똑한 경영자가 3년 후에도 계속 그 회사에 남아 있을 것이라고 어떻게 확신할 수 있는가?

마지막으로 경영진의 탁월성은 사전에 평가하기보다 사후에 평가하는 것이 훨씬 더 쉽다. 떠오르는 샛별이었다가 땅으로 추락해버린 과거의 모든 경영자들을 생각해보라.

시스코 시스템즈Cisco Systems의 CEO인 존 챔버스John Chambers와 엔론Enron의 케네스 레이Kenneth Lay의 차이점은 지나고 나서 보면 훨씬 쉽게 알아볼 수 있다. 이것이 바로 비즈니스 잡지에서 '향후 10년 동안 가장 위대한 경영자' 명단을 보기 힘든 이유일 것이다. 기껏해야 마치 한 회사의 재정적 성과나 주가 상승이 대부분 CEO의 책임이라고 가정하는 회고적인 설문조사나 연구 결과밖에 볼 수 없다. 동료들에 대한 의견을 묻는 대기업 최고 경영자 대상의 설문조사도 이와 같은 편견의 영향을 받고 있다.

진짜 해자들

우수한 제품, 높은 시장점유율, 운영 효율성, 뛰어난 경영자가 모두 믿을 수 있는 경제적 해자의 지표가 아니라면, 도대체 무엇을 보고 판단해야 하는가? 여러분이 주의해서 볼 것들은 다음과 같다.

▶ 무형 자산

경쟁자들이 따라올 수 없는 제품이나 서비스를 판매할 수 있는 기반이 되는 브랜드, 특허, 법적 라이선스와 같은 무형 자산을 지니고 있는 회사.

▶ 전환 비용

전환 비용 때문에 기존의 고객들이 포기하기 어려운 제품이나 서비스를 보유하고 있는 가격경쟁력을 갖춘 회사.

▶ 네트워크 효과

네트워크 경제의 이점을 누리고 있는 회사.

▶ 원가 우위

프로세스, 위치, 규모, 고유 자산에 기반한 원가 우위로 경쟁사보다 상품이나 서비스를 낮은 가격에 제공할 수 있는 회사.

모닝스타에서 재직하며 얻은 경험을 통해 볼 때, 이 네 가지 범주에는 해자가 있는 대부분의 기업들이 포함된다. 그리고 이 네 가지 범주를 평가 기준으로 삼는다면 올바른 방향으로 나아갈 수 있을 것이다. 이 네 가지 특성은 우리가 지난 수년간 전 세계 수천 개 기업들의 수많은 데이터를 바탕으로 이들의 경쟁력을 철저히 분석해낸 결과이다.

경제적 해자를 확인하기 위한 이 기본 틀은 기업 경쟁력에 대한 기존의 수많은 주장들과 다르다. 우리는 어떤 기업들은 구조적으로 다른 기업들보다 더 우수하다고 생각한다. 여기에서 '우수하다'는 의미는 지속적으로 높은 자본 이익률을 달성할 가능성이 더 높다는 뜻이다. 많은 기업들 중에서 우수한 기업들을 찾아내기 위해 살펴볼 수 있는 구체적인 사항들이 있다. 이것은 비즈니스나 전략에 대한 책에 자주 나오는 내용은 아니다. 그 이유는 간단하다.

경쟁력에 관한 글을 쓰는 대부분의 저자들은 기업 경영자들을 대상 독자로 하기 때문에 경쟁력을 개선하거나 유지하기 위해 어느 회사나 추구해야 하는 일반적인 전략에 초점을 맞춘다. 그들은 자신의 생각을 가능한 한 많은 독자들에게 적용할 수 있기를 원하기 때문에 메시지의 내용도 일반적인 '어떤 회사든 이 원칙, 전략, 목표를 따른다면 최고의 성과를 달성할 수 있다'는 식이다.

당신이 회사의 성과를 개선하기 위해 노력하는 수완이 뛰어난 기업 경영자라면, 혹은 다른 기업 경영자에게 전략에 대한 책을 팔고자 하는 사람이라면 이와 같은 메시지는 유익할 것이다. 제시된 원칙들이 폭넓게 적용될수록, 메시지가 긍정적일수록 더 많은 독자들에게 수용될 수 있기 때문이다.

반면 구조적으로 우수한 회사의 특징들을 나열하는 책은 그와 같은 우수한 특징이 없는 회사의 경영자들에게 인기가 없을 것이다.

하지만 투자자로서 우리는 경쟁이 심한 산업에서 회사를 잘 이끌기 위해 애쓰는 경영자처럼 나쁜 상황에서 좋은 결과를 얻으려고 노력할 필요는 없다. 대신 우리는 전체 투자업계를 살펴보면서 경제적 해자의 징후를 나타내는 회사들을 찾아내고 전도유망한 후보 기업들에 관심을 집중시켜야 한다. 어떤 산업이 다른 산업보다 구조적으로 더 매력적일 경우, 경제적 해자가 있는 기업을 찾을 확률이 더 높기 때문에 그 산업에 대해 공부하는 데 더 많은 시간을 투자할 가치가 있다. 또 포트폴리오에서 매력적인 경쟁적 특성을 가지고 있지 않은 시장의 모든 기업들을 지워버릴 수도 있다.

경제적 해자가 있는 기업을 찾는 투자자로서 우리가 알아야 하는 것은 회사의 규모나 역사 또는 산업 분야와 상관없이 '경쟁력을 어떻게 인지할 수 있는가?' 하는 것이다. '핵심 역량에 집중한다'와 같은 일반적인 원칙은 거의 모든 기업에 적용될 수 있기 때문에 쓸모가 없다. 우리에게는 경쟁우위를 지닌 기업들을 경쟁우위가 없는 기업들로부터 구분할 수 있는 구체적인 특징이 필요하다.

『좋은 기업을 넘어 위대한 기업으로』라는 책의 저자인 짐 콜린스Jim Collins는 이렇게 썼다.

"내 생각에는 위대함이란 주로 상황의 문제이며, 네 가지 경쟁력 중 하나에서 시작된다. 만일 여러분이 그것을 확인할 수 있다면 대부분의 투자자들보다 훨씬 더 앞서서 최고의 기업들을 찾을 수 있을 것이다."

The Bottom Line

1. 해자는 회사의 고유한 구조적인 특성이다. 사실상 일부 기업들은 단순히 다른 기업들보다 더 우수하다.

2. 우수한 제품, 규모, 뛰어난 실행력, 그리고 우수한 경영진은 장기적인 경쟁력을 제공하지 못한다. 이들이 있으면 좋지만 그것만으로는 부족하다.

3. 구조적 경쟁 우위의 네 가지 원천은 무형 자산, 전환 비용, 네트워크 효과, 그리고 원가 우위이다. 투자수익률이 높고 이와 같은 특징 중 하나가 있는 회사는 해자가 있는 회사일 가능성이 높다.

chapter 3

첫 번째 해자 - 무형 자산

선반에서 꺼낼 수는 없지만 귀중한 무형 자산

사람들은 '무형 자산'을 마치 경쟁력이 쏟아져 나오는 요술램프처럼 생각한다. 이는 어느 정도 사실이다.

브랜드, 특허, 법적 라이선스는 서로 공통점이 없는 것처럼 보이지만 경제적 해자로서 이들은 모두 본질적으로 시장에서 기업의 고유한 위치를 확립하는 역할을 한다. 이와 같은 무형 자산을 보유한 회사는 작은 독점권을 가지고 있어서 고객들로부터 많은 가치를 끌어낼 수 있다.

그러나 무형 자산에 근거한 해자를 발견하기란 생각만큼 쉽지 않다. 브랜드 가치는 떨어질 수 있고, 특허는 도전

받을 수 있으며, 라이선스는 취소될 수 있기 때문이다.

인기 있는 브랜드가 수익을 내는 브랜드인가?

브랜드와 관련한 투자자들의 가장 흔한 실수 중 하나는 잘 알려진 브랜드를 소유한 기업은 경쟁력이 있을 것이라고 믿어버리는 것이다. 하지만 이는 사실과 거리가 멀다.

소비자의 구매 의향을 높이거나 고객 흡인력을 향상시키는 브랜드만이 경제적 해자를 만들 수 있다. 브랜드를 구축하고 유지하기 위해서는 투자를 해야 하지만 브랜드 투자가 가격결정능력이나 반복 구매를 통한 수익 창출에 기여하지 못한다면 경쟁우위를 만들지 못하는 것이다.

소비자에게 유명한 브랜드나 특정 분야의 틈새시장에서 가치 있는 브랜드를 보게 되면 그 회사가 유사한 경쟁 상품보다 더 높은 가격을 받을 수 있는지 생각해보라. 그렇지 않다면 그 브랜드는 그다지 가치가 없는 것이다.

세계적인 브랜드로 통하는 소니를 예로 들어보자. 비슷한 기능을 지닌 필립스나 삼성 또는 파나소닉 DVD 플레이어와 비교할 때 단지 DVD 플레이어에 소니의 이름이 있다고 해서 더 많은 돈을 지불하겠는지 스스로에게 물어보라. 그렇지 않을 가능성이 높다. 최소한 대부분의 사람들은 그렇게 하지 않을 것이다. 전자제품 소비자에게는 브랜드보다 기능과 가격이 더 중요하기 때문이다.

이제 소니를 완전히 다른 제품을 판매하는 2개 회사, 즉 보석 판매회사인 티파니 앤드 컴퍼니Tiffany & Company와 건축 제품 공급업체인 USG 주식회사와 비교해보자. 이 3개 회사는 경쟁사 제품과 차이점이 별로 없는 제품을 판매하고 있다는 공통점이 있다. 소니 제품에서 소니 라벨을 떼어버리면 다른 회사 제품과 똑같아 보인다. 티파니의 다이아몬드를 파란색 포장 박스에서 꺼내면 블루 나일Blue Nile이나 보르샤임스Borsheims가 파는 다이아몬드와 다를 것이 없어 보인다. USG의 시트록Sheetrock 석고보드는 경쟁사에서 판매하는 석고보드와 똑같다.

그러나 티파니는 경쟁사에서 파는 것과 사양이 같은 다이아몬드를 훨씬 더 높은 가격으로 판매한다. 티파니의 예쁜 파란색 박스에 포장되어 있는 제품이라는 이유로 말이다. 지금 이 글을 쓰고 있는 시점에 티파니에서는 순금 밴드에 장착된 G 색상, VS1 투명도의 1.08캐럿 아이디얼 컷 다이아몬드를 13,900달러에 판매하고 있다. 크기, 색상, 투명도, 커팅이 같고 역시 순금 밴드에 장착된 블루 나일의 다이아몬드는 8,948달러에 판매된다.

USG의 이야기는 더 놀랍다. 프리미엄 가격을 받을 수 있는 명품 브랜드인 티파니와 달리 USG는 너무나 평범한 제품인 석고보드를 판매하기 때문이다. 더구나 USG의 석고보드는 기본적으로 경쟁사의 제품과 동일하다. USG는 시트록 제품을 다음과 같이 설명하고 있다.

"내화 석고 코어에 앞면은 100% 재활용 종이로 자연스럽게 마무리하고 뒷면은 100% 재활용 종이 안감을 사용했다. 앞면 종이는 세로 가장자리 주위로 접어서 코어를 강화 및 보호하며 종단은 사각형으로 잘라서 매끄럽게 마무리했다. 패널의 세로 가장자리는 테이퍼 처리해서 USG 내장 마무리 시스템으로 조인트를 강화하고 깔끔하게 마감 처리했다."

이제 경쟁사의 석고보드에 대한 설명과 비교해보자.

"내화 석고 코어에 앞면은 100% 재활용 종이로 자연스럽게 마무리하고 뒷면은 100% 재활용 종이 안감을 사용했다. 앞면 종이는 세로 가장자리 주위로 접어서 코어를 강화 및 보호하며 종단은 사각형으로 잘라서 매끄럽게 마무리했다. 패널의 세로 가장자리는 테이퍼 처리해서 조인트 합성 시스템으로 조인트를 강화하고 깔끔하게 마감 처리했다."

이 두 설명은 거의 똑같다. 하지만 USG는 건설업계에 많은 홍보를 하고 내구성과 강도가 우수하다는 명성을 쌓았기 때문에 USG 시트록은 10~15% 더 높은 가격을 받는다.

한 회사가 브랜드 때문에 같은 제품에 대해 더 높은 가격을 받을 수 있다면 그 브랜드는 상당히 강력한 경제적 해자를 가질 가능성이 높다.

바이엘Bayer의 아스피린을 생각해보자. 이 아스피린은 다른 아스피린과 화학 구성이 동일하지만 바이엘은 일반

아스피린보다 거의 2배 더 높은 가격을 받는다. 따라서 바이엘은 강력한 브랜드라 할 수 있다.

물론 순수한 일용품에서 브랜드가 힘을 발휘하는 경우는 드물어서 코카콜라, 오레오 쿠키, 메르세데스 벤츠와 같이 대부분의 브랜드는 차별화된 제품과 연결되어 있다. 이 경우 브랜드는 고객의 검색 비용을 절감해주기 때문에 가치가 있지만, 반드시 회사가 가격을 결정할 수 있는 힘을 주지는 않는다. 다시 말해서 우리는 '코카콜라'라는 라벨이 붙은 청량음료의 맛을 예측할 수 있고, 다임러 AG라는 회사에서 만든 자동차이므로 고급스럽고 내구성이 뛰어날 것이라고 생각하지만 코카콜라는 펩시보다 더 비싸지 않으며, 메르세데스 벤츠도 BMW보다 더 비싸지 않다.

코카콜라와 펩시는 가격이 거의 같지만 맛은 다르다. 오레오 쿠키와 하이드록스 쿠키도 마찬가지다. 메르세데스 벤츠는 유사한 종류의 다른 자동차보다 브랜드의 명성에 걸맞은 프리미엄 가격을 더 받을 수 없지만, 품질과 내구성이 뛰어나다는 브랜드의 명성을 계속 유지시키기 위해 노력한다. 하지만 경쟁 제품보다 더 오래가는 자동차를 생산하려면 돈이 들기 때문에 메르세데스 벤츠가 브랜드 덕분에 수익이 더 높다고 주장하기는 어렵다.

브랜드에 기반한 경제적 해자의 가장 큰 위험은 브랜드가 빛을 잃으면 더 이상 프리미엄 가격을 받을 수 없다는 데 있다. 예를 들어 과거에는 크래프트^{Kraft}가 다진 치즈 시장을 절대적으로 지배했었지만 식료품점들이 자가 상표 제품을 도입하기 시작하면서 소비자들은 거의 똑같은 제품을 더 낮은 가격에 구매할 수 있다는 사실을 깨닫게 되었다. 결국 다진 치즈는 모두 똑같은 것이다.

결론적으로 브랜드는 지속적인 경쟁우위를 만들 수 있지만 브랜드의 인기보다 실제로 소비자의 행동에 영향을 미칠 수 있는지 여부가 더 중요하다. 소비자가 브랜드 네임 하나만으로 어떤 제품에 대해 더 많은 돈을 지불하거나 정기적으로 구매할 의향이 있다면, 해자가 존재한다는 강력한 증거가 될 수 있다. 하지만 유명한 브랜드를 보유하고 있음에도 불구하고 수익을 내기 위해서 엄청난 노력을 해야만 하는 제품이나 회사들도 많다.

특허 변호사는 비싼 차를 몬다

경쟁사들이 자사 제품을 팔지 못하도록 빗장을 거는 완벽한 법적 보호를 받을 수 있다면 얼마나 멋질까? 이것이 바로 특허가 하는 일이다. 특허는 경제적 해자를 구축할 수 있는 엄청난 가치를 지녔지만, 당신이 생각하는 것처럼 항구적인 경쟁력을 보장해주지는 않는다.

우선 특허에는 유효기간이 있다. 많은 수익을 내는 특허의 유효기간이 끝나면 기다렸다는 듯이 경쟁자들이 그 특허 제품을 앞 다투어 만들어낸다. 대형 제약회사의 특허 받은 약품들을 생각해보면 쉽게 알 수 있을 것이다. 법적인 소송을 통해 특허 제품의 수명을 연장시키는 것도 가능하기는 하지만, 어느 쪽 변호사들이 특허 분쟁에서 승리할 것인지는 예측하기 어렵다. 물론 지적재산권법을 전문으로 하는 변호사를 선임한다면 승률을 조금 더 높일 수는 있을 것이다.

또한 특허는 취소될 수도 있고 공격을 받을 수도 있다. 특허가 수익을 많이 내면 많이 낼수록 그 특허를 공격할 방법을 찾기 위해 노력하는 변호사의 수도 그만큼 많아진다. 예를 들면 대형 제약회사들의 특허를 공격하는 것을 주요 사업 내용으로 하는 제약회사들도 존재한다. 열 번 공격해서 한 번밖에 이기지 못하더라도 그 한 번의 승리에서 얻는 이득이 매우 높기 때문에 이들은 공격을 계속한다.

일반적으로 적은 수의 특허 상품에 수익을 의존하고 있는 회사는 주의하는 것이 좋다. 이들 특허가 공격을 받는다면 회사가 회복할 수 없는 심각한 손해를 입을 수 있고, 분쟁의 결과도 예측하기 어렵기 때문이다.

특허가 실제로 지속 가능한 경쟁우위를 갖는 유일한 경우는 입증된 과거의 성과로 비추어볼 때 회사가 혁신을 계속 이어갈 것이라고 확신할 수 있고, 다양한 특허 상품을 보유하고 있는 경우이다.

수백 가지 상품에 수천 개의 특허를 보유한 머크^{Merck}나 3M 또는 일라이 릴리^{Ely Lilly}와 같은 대형 제약회사들을 생

각해보라. 이들은 수십 년 동안 계속해서 특허를 등록해왔
고, 지금까지 이룩한 성공으로 미루어보아 현재 특허 상품
들의 특허기한이 만료된다고 해도 새로운 특허 상품들이
그 자리를 대체할 것이라는 합당한 믿음을 준다.

브랜드도 극복하기 어려운 경쟁력처럼 보일 때가 많다
는 점에서 특허와 비슷하다. 하지만 자본은 언제나 가장
높은 수익을 가져다주는 분야를 찾는다. 그렇기 때문에 특
허와 브랜드가 그렇게 자주 공격을 받는 것이다.

모닝스타에서는 특허 포트폴리오가 다양하고 오래전부
터 꾸준하게 혁신을 달성해온 근거가 있는 회사들에 대해
서만 해자를 인정한다. 미래를 단 하나의 특허 상품에 의
존하는 회사들은 대부분 지나치게 낙관적인 미래의 수익
을 약속하지만 결국은 실패하고 마는 경우가 많다.

법적인 규제로부터 얻는 이익

지속적인 경쟁우위를 만들 수 있는 마지막 무형 자산은
경쟁사들의 시장 진입을 어렵게 하거나 불가능하게 만드

는 법적인 라이선스이다. 일반적으로 회사가 어떤 시장에서 영업을 하기 위해서 법적인 승인이 필요하지만, 제품의 가격을 책정하는 데 대한 감독을 받지 않을 때 라이선스는 가장 강력한 경쟁우위가 된다. 전력회사와 제약회사 간의 차이를 생각해보면 된다. 승인 없이는 상품(전기 또는 약)을 소비자들에게 팔 수 없다는 점은 같지만, 전기료가 규제기관의 통제를 받는 반면에 미국 FDA는 약 가격에 전혀 간섭하지 않는다. 따라서 제약회사들이 전력회사보다 훨씬 더 많은 이익을 내고 있는 것은 전혀 놀라운 일이 아니다.

간단히 말하자면 독점 회사처럼 마음대로 가격을 정할 수 있지만 독점 회사로 규제를 받지 않는 회사는 매우 폭넓은 경제적 해자를 지닌 회사인 것이다.

채권평가업체는 법적으로 유리한 위치를 이용해서 거의 독점적인 지위를 누리는 좋은 예이다. 미국에서 발행되는 채권을 평가하려는 회사는 '전국적으로 인정된 통계 평가기관'이라는 명칭을 부여받아야 한다. 따라서 기존 회사들에 대한 잠재적인 경쟁사들은 이 업계에서 경쟁하기 위해서는 부담스러운 법적인 검사를 받아야 한다는 사실을 알고 있다. 그러므로 채권평가회사들이 큰 수익을 올리고 있는 것은 어찌 보면 당연한 일이다. 그 예로 신용평가회사 무디스Moody's Investors Service는 영업이익이 50%가 넘고 자본이익률은 150%에 달한다.

법적인 승인에 근거해서 강력한 경쟁우위를 누리는 것은 비단 채권평가회사만이 아니다. 슬롯머신 업계도 채권평가회사만큼이나 안정된 수익을 구가하고 있다. 예상할 수 있는 것처럼 카지노가 법적으로 허용된 이익 이상을 얻지 못하도록 하고 비도덕적인 사람들이 사적인 이익을 위해 슬롯머신을 조작하는 것을 방지하기 위해 슬롯머신은 엄격한 법적 규제를 받고 있다. 슬롯머신 제조 및 판매 허가는 받기가 쉽지 않을뿐더러 허가가 취소되는 경우 재정적으로 큰 타격을 받게 된다. 이 업계에서 비교적 작은 업체에 속하는 WMS 인더스트리는 2001년 소프트웨어 오류로 인해 법적 승인이 취소되고 나서 이전의 수익 수준을 회복하는 데 3년이나 걸렸다.

그럼에도 불구하고 법적인 장벽이 매우 높아서 미국 슬롯머신 업계에서 중요한 역할을 하고 있는 회사는 4개에 불과하며 오랫동안 새로운 경쟁자가 나타나지 않았다. 슬롯머신 판매가 수익이 많은 사업이라면 WMS의 위기를 기회로 이용해서 이 업계에 새로 진입한 회사가 있었을 것이라고 생각하겠지만, 실제로는 법적인 장벽이 너무 높아서 그런 일은 일어나지 않았다.

스트레이어 에듀케이션^{Strayer Education}이나 아폴로 그룹^{Apollo Group}과 같이 고등교육 학위를 주는 회사들도 '인가'라고 하는 법적인 승인이 필요하다. 미국에는 몇 가지 수준의 인가가 존재하며, 학생들의 학점을 공립대학으로 쉽게 이전할 수 있게 해주는 가장 가치 있는 수준의 인가는 획득하기가 어렵다.

인가를 보유하고 있다는 것은 그 자체로 엄청난 경쟁력이다. 인가를 받은 학교에서 받은 학위가 비인가 학교의 학위보다 훨씬 가치가 크기 때문이다. 더구나 인가를 받은 학교만이 연방정부의 보조금이 포함된 학생 대출을 받을 수 있다. 이것은 대부분의 문턱이 낮은 교육기관들의 엄청난 수입원이기 때문에 잠재적인 경쟁자들은 더욱 불리한 위치에 놓이게 된다. 본질적으로 아무리 수익이 높다 하더라도 이러한 업계에서 인가 없이 경쟁할 수 있는 방법은 없다. 인가 또한 관련 규제기관에서만 부여받을 수 있을뿐더러 인가 조건도 매우 까다롭기 때문에 신규업체의 진입은 자연히 차단될 수밖에 없는 것이다.

채권평가업, 슬롯머신업, 영리 목적의 교육업은 모두 하나의 라이선스나 승인이 지속 가능한 경쟁력의 원천이 되는 사례이다. 그러나 이와 같은 종류의 해자는 항상 하나의 커다란 라이선스에만 근거하는 것은 아니다. 간혹 작지만 얻기 어려운 많은 승인이 필요한 기업들도 마찬가지로 넓은 해자를 제공해줄 수 있다.

여기에서 내가 가장 선호하는 사례는 쓰레기 처리회사나 골재회사와 같은 님비NIMBY 회사이다. 쓰레기 매립장이나 채석장이 자기 집 근처에 생기는 것을 좋아할 사람이 어디 있겠는가? 거의 없다. 그렇기 때문에 기존의 쓰레기 매립장과 채석장은 매우 높은 가치가 있는 것이다. 새로운 쓰레기 매립장이나 채석장 승인을 얻는 것은 거의 불가능에 가깝다.

쓰레기와 자갈은 그다지 흥미롭게 들리지 않겠지만 수십 개의 작은 승인으로 만들어진 해자는 매우 튼튼하다. 결국 쓰레기 처리회사와 골재회사들은 수백 개의 지방자치단체 승인에 의존하며, 이 승인들이 하루아침에 한꺼번에 사라질 염려는 없다고 봐도 좋다.

웨이스트 매니지먼트Waste Management나 벌칸 마테리얼Vulcan Materials과 같은 회사들이 지방정부에서 승인한 쓰레기 매립장과 채석장을 가치 있게 만들어주는 것은 쓰레기 처리와 채석이 본질적으로 지역사업이기 때문이다. 쓰레기를 수집한 장소에서 수백 킬로미터 떨어져 있는 곳에 버리는 것이나 골재를 채석장에서 60~70킬로미터 이상 멀리 떨어진 곳으로 운반하는 것은 수익성이 없다. 쓰레기는 방대하고 자갈은 무겁다. 따라서 쓰레기 매립장과 채석장에 대한 지방정부의 승인은 이 업계에서 자신들의 사업을 보호하는 수십 개의 작은 해자를 만든다.

쓰레기와 자갈처럼 님비 특성이 강한 다른 산업, 즉 정유업과 비교해보자. 미국에서는 수십 년 동안 새로운 정유회사가 생기지 않았지만 기존 정유소의 확장에 대한 지방정부의 승인은 매우 어려우며 정유소의 재정적 상황은 쓰레기 매립장이나 채석장만큼 좋지는 않다. 그 이유는 단순하다. 정유된 휘발유는 단위 무게당 가치가 훨씬 더 높으며 파이프라인을 통해 훨씬 싸게 운반할 수 있다.

따라서 특정 지역의 정유소에서 가격을 올리면 그 높은 가격을 이용하기 위해 더 멀리 떨어진 정유소에서 휘발유를 그 지역으로 운반해서 판매할 것이다. 그 결과 휘발유 가격이 지역별로 차이가 있기는 하지만 정유소들은 일반적으로 자본이익률이 한 자릿수 후반에서 낮은 10% 초반대를 겨우 달성하는 형편이다. 반면에 골재회사들과 쓰레기 처리회사들은 수십 년 동안 10% 중후반대의 훨씬 더 안정된 ROIC를 달성해왔다.

1개의 해자보다 3개의 해자

무형 자산은 말 그대로 형태가 없기 때문에 선반에서 꺼내어 보여줄 수는 없지만 경쟁력의 원천으로 매우 높은 가치가 있다. 무형 자산을 평가할 때 가장 중요한 것은 '회사에 얼마나 많은 가치를 창조할 수 있는가?' 그리고 '얼마나 오랫동안 지속될 것인가?' 하는 것이다.

가격결정력이 없거나 고객흡인력이 없는 브랜드는 사람들이 아무리 그 브랜드를 잘 알고 있다고 하더라도 경쟁력이 될 수 없다. 또한 높은 자본이익률을 창출하지 못하는 법적인 승인도 그다지 가치가 높지 않다. 마지막으로 다변화되어 있지 않거나 후속 특허가 없기 때문에 법적인 도전에 취약한 특허 포트폴리오는 경제적 해자를 구축할 수 없다. 하지만 가격결정력이나 경쟁을 제한하는 법적인 승인을 지닌 브랜드 또는 다변화된 특허와 견실한 혁신 실적을 보유하고 있는 회사는 해자가 있는 회사일 가능성이 높다.

1. 인기 있는 브랜드가 반드시 수익성이 높은 브랜드는 아니다. 브랜드가 소비자들에게 더 많은 돈을 지불하도록 만들지 못하면 경쟁 우위를 창출할 수 없다.

2. 특허를 가지고 있으면 좋지만 특허 변호사들이 이를 가만히 보고만 있지는 않는다. 법적인 도전은 특허로 인해 만들어진 해자의 가장 큰 위험 요소이다.

3. 법적인 규제는 경쟁을 제한할 수 있다. 정부에서 자신의 사업을 보호해준다면 얼마나 좋은 일인가? 가장 좋은 것은 법이 바뀔 위험이 있는 하나의 커다란 법적인 허가보다는 여러 개의 작은 법적인 허가들에 의해 만들어지는 해자이다.

chapter 4

두 번째 해자 - 전환 비용

충성 고객은 금처럼 가치 있다

마지막으로 주거래은행을 바꾼 것이 언제인가? 당신이
최근에 은행을 바꾸지 않았다면 틀림없이 오래되었다고
대답할 것이다. 현재 주거래은행과 계속 거래하는 것이 비
단 당신만은 아닐 것이다. 보통 예금의 평균 이동률은 약
15%이다. 이 말은 고객들이 평균적으로 자신의 은행 계좌
를 6~7년 정도 유지한다는 것을 의미한다.

생각해보면 이것은 이상할 정도로 긴 시간이다. 결국 돈
은 궁극적인 상품이고 은행 계좌의 특징은 은행별로 큰 차
이가 나지는 않는데 사람들은 왜 더 높은 이자율과 낮은

수수료를 찾아서 자주 옮겨 다니지 않는 걸까?

사람들은 휘발유 1리터에 50원을 아끼려고 수 마일이나 떨어진 주유소를 찾아다니지 않는가? 자동차 연료통을 가득 채운다고 해도 1~2천 원 정도밖에 되지 않는 돈이다. 오히려 영업시간 외 송금수수료를 할인해주는 은행을 이용하면 멀리 떨어진 값싼 주유소를 찾아다니는 것보다 더 쉽게 더 많은 돈을 절약할 수도 있다.

이 의문에 대한 답은 간단하다. 근처에 있는 다른 더 값싼 주유소로 바꾸는 데 필요한 비용은 단지 5~10분 정도의 시간이 더 걸리는 것뿐이다. 뿐만 아니라 휘발유는 어느 주유소나 동일하기 때문에 이것이 유일한 비용이라는 사실은 분명하다. 하지만 은행 계좌를 전환하는 일에는 새 은행에서 몇 가지 양식을 작성하고 송금이나 공과금 지불 약정을 변경하는 일이 수반된다. 따라서 알려진 비용은 분명히 몇 분의 시간보다 더 많다. 뿐만 아니라 현재 은행이 새 은행으로 예금 이체를 지연시키거나 잘못 처리할 경우 월급 미입금이나 전기요금 미납과 같은 드러나지 않은 혼란 비용이 발생할 수 있다. 이쯤 되면 당신은 왜 은행이 돈을 찍어내듯이 쉽게 돈을 벌 수 있는 라이선스를 받는지 알아차렸을 것이다. 미국의 평균적인 은행은 자기자본이익률ROE, Return on Equity이 약 15%에 달한다. 이는 다른 모든 종류의 기업의 평균보다 더 높은 이익률이다. 여기에는 여러 가지 이유가 있지만, 가장 큰 이유는 은행 고객들이 한 은행에서 다른 은행으로 이동할 때 '전환 비용'이 발생한다는 것이다. 간단히 말해서 은행 계좌를 옮기는 일에는 큰 고통이 따르기 때문에 사람들은 은행 계좌를 자주 옮기지 않는다. 은행들은 이 사실을 알고 있고, 은행 계좌를 옮기기 싫어하는 고객들의 마음을 이용해서 이득을 얻고 있다. 은행 계좌를 바꾸는 일이 주유소를 바꾸는 것처럼 쉬웠다면, 이자율은 지금보다 더 높고 수수료는 더 낮았을 것이다.

이제 당신도 전환 비용은 소중한 경쟁력이라는 것을 알았을 것이다. 고객들이 경쟁사로 이동할 가능성이 없다면 고객들로부터 더 많은 돈을 끌어 모을 수 있기 때문이다. A사의 제품에서 B사의 제품으로 바꾸었을 때 얻는 이익이 바꾸는 비용보다 작을 때 전환 비용이 발생한다.

은행 계좌와 같이 고객이 직접 사용하는 상품이 아니라면 전환 비용으로 이익을 얻는 기업들은 찾기 어려울 것이다. 비용과 이익 간의 차이를 진심으로 이해하려면 고객의 입장에서 생각해야 하기 때문이다. 또한 다른 모든 경쟁우위와 마찬가지로 전환 비용도 시간이 흐름에 따라 높아지거나 낮아질 수 있다.

퀵북스QuickBooks와 터보택스TurboTax라는 소프트웨어를 만드는 인튜이트Intuit라는 회사를 생각해보자. 인튜이트는 8년 동안 연속해서 자본이익률이 30%를 초과했으며 이 회사의 주력 제품 2개는 경쟁사들(경쟁사 중에는 마이크로소프트도 포함된다)이 자사의 주요 가맹점들에 침투해 들어오는 것을 효과적으로 막음으로써 해당 시장점유율이 75%를 초과했다. 은행과 마찬가지로 표면적으로 보면 놀라운 일이다. 다만 기술은 빠르게 변화하기 때문에 단지 인튜이트의 소프트웨어 기능이 더 우수하다고 해서 경쟁사를 따돌렸을 가능성은 낮다. 더구나 마이크로소프트는 경쟁사를 제압하는 데 있어서 타의 추종을 불허하는 회사가 아닌가.

이 의문에 대한 답은 '전환 비용'에 있다. 사용 편의성과 다양한 소비자들을 위한 소프트웨어 버전 다변화에 초점을 맞춘 인튜이트의 전략적 결정이 이 회사의 성공에 중요한 역할을 한 것은 사실이다. 그러나 인튜이트가 단지 2개의 소프트웨어로 시장점유율 1위를 차지한 가장 큰 이유는 퀵북스와 터보택스 사용자들에게 다른 소프트웨어로 전환하는 비용이 상당히 높다는 점 때문이었다.

만약 당신이 소기업 사장이고 회사의 모든 데이터를 퀵북스에 이미 입력해놓았다면 경쟁 프로그램으로 전환하는데 엄청난 시간을 투자해야 할 것이다. 한 사람이 동시에 여러 역할을 해야 하는 소기업 사장에게는 특히 이 시간이 매우 소중하다. 경쟁 프로그램이 데이터 가져오기 기능을 제공한다고 하더라도 소비자는 자신이 직접 데이터를 점검하기를 원할 가능성이 높다. 이 정보는 그 회사의 재무적인 생명줄이기 때문이다. 따라서 시간의 비용이 상당히 높은 것이다.

은행을 바꿀 때 계좌가 혼동될 위험이 있는 것과 마찬가지로 소기업 사장이 퀵북스에서 다른 경쟁 제품으로 이동할 때 이동 작업 중 정리 오류로 인해 중요한 재무 데이터를 빠뜨릴 위험이 있다. 지불되지 않은 가스 사용료 때문에 당좌예금 계좌에 문제가 생길까 봐 걱정하는 소기업 사장들이 회계 프로그램 오류 때문에 고객에게 청구서를 발송하지 못해 직원 월급을 줄 돈이 부족하다면 얼마나 화가 날지 상상해보라.

그렇다면 전환의 이점은 무엇인가? 경쟁 프로그램이 더 저렴하거나 퀵북스에 없는 다른 기능이 있을지도 모른다. 그러나 기본적인 회계학은 대략 500년 전에 이미 확립되었기 때문에 소기업이 자금을 관리하는 방식을 혁신시키는 새로운 부기 프로그램이 나타날 가능성은 거의 없다. 양쪽을 비교해볼 때 전환의 이점이 전환 비용보다 더 높다고는 생각할 수 없다. 바로 이 때문에 인튜이트가 시장을 수십 년 동안 지배해온 것이고 앞으로도 계속해서 지배할 가능성이 높은 것이다.

인튜이트의 터보택스에 대해서도 같은 이야기를 할 수 있다. 하지만 내장되는 개인 데이터가 적고 세금 관련 법규들은 매년 바뀌기 때문에 전환 비용은 퀵북스보다 더 낮다. 따라서 잠재적인 경쟁자가 시장에 진입하기가 더 쉽다. 하지만 그렇다고 해도 세금 신고를 귀찮은 연중행사로 생각하는 사람들을 새로운 세금 신고 프로그램을 배우도록 설득하려면 경쟁 제품이 훨씬 더 사용하기 쉽거나 훨씬 더 저렴하거나 기능이 더 많아야 한다. 대부분의 사람들은 세금 신고를 하기 싫어하기 때문에 새로운 세금 신고 프로그램을 배우는 데 추가로 시간을 투자할 이유는 없다.

일심동체

인튜이트는 넓은 범주의 전환 비용의 고전적인 사례로 고객의 사업과 긴밀하게 통합됨으로써 이익을 얻는 회사로 볼 수 있다. 소기업들이 퀵북스를 계속 사용하는 이유는 일상적인 업무의 일부가 되었기 때문에 퀵북스를 버리고 새로운 회계 프로그램으로 새로 업무를 시작하려면 비용이 많이 들 뿐만 아니라 위험하기도 하기 때문이다.

　이것은 아마도 가장 흔한 종류의 전환 비용일 것이며 매우 다양한 기업에서 이를 목격할 수 있다. 대기업들이 엄청난 양의 데이터를 저장하고 검색하기 위해 사용하는 대형 데이터베이스 프로그램을 판매하는 오라클Oracle을 보라. 가공되지 않은 상태의 데이터는 거의 쓸모가 없기 때문에 오라클 데이터베이스는 미가공 데이터를 분석하고 표시하고 조작하는 다른 소프트웨어 프로그램과 연결해야 한다. 인터넷에서 상품을 샀을 때를 생각해보라. 그 제품에 대한 미가공 데이터가 오라클 데이터베이스에 저장되어 있었을지라도 그 데이터를 정리해서 구매 웹페이지에 보여준 것은 다른 프로그램이다.

　따라서 어떤 회사가 오라클 데이터베이스에서 경쟁사가 판매하는 다른 데이터베이스로 변경하고 싶을 경우에는 사용 중인 데이터베이스에서 새 데이터베이스로 모든 데이터를 문제없이 옮겨야 할 뿐만 아니라 오라클에서 데이터를 가져오는 수많은 프로그램들을 모두 수정해야 한다.

이는 위험할 뿐만 아니라 많은 시간과 비용이 드는 일이다. 만약 전환 작업이 실패하면 회사 업무가 엄청난 지장을 받을 수도 있다. 오라클 데이터베이스를 사용하고 있는 회사가 오라클 데이터베이스를 제거하고 새로운 데이터베이스를 설치하는 데 드는 막대한 비용을 기꺼이 지불하려면, 경쟁 데이터베이스 제품은 오라클 데이터베이스보다 엄청나게 더 우수하거나 훨씬 값이 저렴해야 한다.

데이터 처리 및 보안기업들도 오라클과 같은 지위를 누리고 있다. 파이서브 주식회사Fiserv, Inc.와 스테이트 스트리트 주식회사State Street Corporation는 은행 및 자산관리회사들을 위한 백오피스 처리를 전문으로 하는 회사이다. 그들은 은행과 자산관리회사들이 원활히 운영될 수 있도록 대량 데이터 고속 처리 및 기록과 유지 업무를 담당하고 있다. 이들 회사는 고객의 업무와 너무나 밀접하게 통합되어 있어서 95%가 넘는 고객유지율을 자랑한다. 따라서 이들 회사의 수입 중 상당 부분은 연금을 받는 것만큼 안정적이다.

어느 날 저녁에 은행 장부가 맞지 않거나 고객들이 자산

가치가 부정확하게 적힌 명세서를 받았을 때 그 은행이나 자산관리 회사들이 얼마나 큰 혼란에 빠질지 상상해보라. 백오피스 처리가 잘못되었을 경우 고객들이 얼마나 큰 불만을 가질지 생각해보면 아마도 이들 회사들의 전환 위험은 어떠한 금전이나 시간적 피해보다 더 클 것이다. 이들 회사들의 중요한 과제는 비용을 아끼는 것이 아니라 매출을 늘리는 데 있다. 거의 모든 고객이 현재의 은행이나 자산관리회사를 바꾸고 싶어하지 않기 때문이다.

물론 이와 같은 종류의 경쟁력은 단지 서비스 회사나 소프트웨어 회사에만 국한되지 않는다. 제트 비행기 엔진과 발전소 터빈용 첨단 초강도 금속 부품을 판매하는 프리시전 캐스트파츠Precision Castparts Corp.라는 회사가 있다. 이와 같은 종류의 제품은 고장에 대한 허용도가 매우 낮다. 발전소 증기 터빈은 무게가 200톤에 달하고 1분당 3,000번 회전한다. 이 엄청나게 무거운 터빈 날개가 회전 중에 균열이 발생한다면 어떤 결과가 벌어질지 상상해보라. 또 3만 피트 상공에서 제트 비행기 엔진이 고장 난다면 얼마나 끔

찍한 일이 일어날 것인가.

이런 이유로 일부 고객들은 30년 이상 프리시전과 거래
해왔을 뿐만 아니라 제너럴 일렉트릭GE, General Electrics 같은
고객은 새로운 제품을 설계할 때 프리시전의 엔지니어들
과 실제로 함께 일하기까지 한다. 그럼 전환의 비용과 이
익을 비교해보자. 프리시전이 계속 높은 품질 수준을 유지
할 경우 GE가 새로운 공급사로 전환할 때 얻을 수 있는 유
일한 이득은 금전적인 이득밖에 없을 것이다. 따라서 프리
시전을 버리고 다른 회사를 선택하면 GE는 터빈과 제트기
엔진을 더 값싸게 만들 수 있고 더 큰 판매수익을 얻을 수
있을지 모른다.

그렇다면 전환 비용에서 어떤 차이가 날까? 겉으로만
드러나는 전환 비용도 만만치 않다. 새로운 공급회사가
GE의 제품을 프리시전만큼 파악하는 데만도 많은 시간이
걸리게 될 것이기 때문이다. 하지만 이 경우 실제로 더 중
요한 전환 비용은 위험이다. 터빈이나 제트기 엔진의 고장
에 대한 허용치가 매우 낮은 점을 생각하면 GE가 제품 고

장 위험이 높은데도 불구하고 생산원가를 절감하려고 하지는 않을 것이다. 비행기 추락사고가 단 한 번만 일어나더라도 GE는 명성에 큰 피해를 입고 매출이 크게 줄어들 것이기 때문이다.

결과적으로 프리시전은 자사의 부품으로 꽤 많은 판매 수익을 얻을 수 있다. 고객이 공급업체를 전환해서 비용을 절감하려면 동일한 신뢰도를 지닌 공급업체를 찾아야 하기 때문이다. 여기에 새로 적응하면서 들게 될 높은 업무 관리 비용도 무시할 수는 없을 것이다. 고객들에게 수십 년 동안 고품질 부품을 공급함으로써 발생하는 이 전환 비용이 프리시전의 경쟁우위이다.

전환 비용은 어디에나 존재한다

전환 비용의 좋은 점은 모든 종류의 산업에 존재한다는 것이다. 소프트웨어 업계를 다시 한 번 보자면 어도비[Adobe]의 해자도 역시 전환 비용에 바탕을 두고 있다. 이 회사의 포토샵과 일러스트레이터 프로그램은 그래픽 디자이너가 되기 위해 공부하는 학생들이 학교에서 배울 뿐만 아니라, 프로그램 자체도 꽤 복잡해서 다른 프로그램으로 전환하려면 상당히 많은 시간을 들여서 재교육을 받아야 한다.

또 다른 소프트웨어 회사인 오토데스크^{Autodesk}는 오토캐드라는 디지털 디자인 소프트웨어를 만드는데 이 소프트웨어는 다리에서 건물까지 모든 물건의 설계서를 작성하는 데 사용된다. 이 회사도 비슷한 위치에 있다. 대부분의 엔지니어는 대학교에서 오토캐드를 배우며, 학생들이 나중에 취직할 회사도 이 학생들에게 새로운 소프트웨어를 다시 교육시킴으로써 발생할 생산성 손실을 감당할 생각이 전혀 없다.

재무 서비스 부문을 다시 한 번 살펴보면 자산관리회사들은 은행과 비슷한 전환 비용의 이점을 가진다. 뮤추얼펀드나 재테크 계좌로 흘러들어 가는 돈은 그곳에 계속 머무르는 경향이 있다. 우리는 이를 '스티키 에셋^{sticky asset, 투자 계좌에 넣어놓고 움직이지 않아 투자회사가 각종 수수료와 부과금을 청구해 높은 이익을 올리는 자산}'이라고 부른다. 그리고 이 돈은 별다른 노력 없이 오랫동안 수익을 발생시킨다.

예를 들어 뮤추얼펀드 업계에서 시차 활용 매매 스캔들이 일어났을 당시 일부 자산관리회사들은 노골적으로 자행된 불법들이 알려졌음에도, 이들 중 대부분은 법률 비용과 투자자 보상금을 지불하고도 계속 견실한 수익을 유지할 수 있었다. 뮤추얼펀드 계좌를 A사에서 B사로 이동하는 명시적인 비용은 은행 계좌를 옮기는 것보다 낮지만 대부분의 사람들은 계좌 이동의 이익이 불확실하다고 인식한다. 새로운 낯선 자산 관리회사가 지금까지 이용했던 회사보다 더 낫다고 스스로 확신해야 한다. 이는 결국 처음부터 현재의 관리회사를 선택한 것이 실수였음을 인정한다는 의미가 된다. 대부분의 사람들에게 이것이 심리적으로 어렵기 때문에 자산은 현재 있는 회사에 계속 머무르는 경향이 있는 것이다. 겉으로는 전환 비용이 크지 않을지 모르지만 전환의 이점이 너무 불확실하기 때문에 대부분의 사람들은 가장 쉬운 길을 택하여 그냥 현재 있는 곳에 머무른다.

에너지 부문의 경우 평범해 보이는 프로판 유통사업도 상당히 높은 전환 비용이 따른다. 미국의 농촌 지역 중 상당 부분에는 천연가스 공급망이 연결되어 있지 않은 가구가 많기 때문에 난방 및 요리용 가스를 집 근처에 있는 프로판 탱크에서 공급받는다. 일반적으로 이들 탱크는 고객이 아니라 프로판 공급회사가 소유하고 있다. 따라서 경쟁 프로판 유통회사가 더 나은 가격을 제시하여 고객이 기존 공급회사에 전화를 걸어 서비스를 취소할 경우 현재 공급회사는 탱크를 새로운 공급회사와 교환해야 하는데 이는 상당히 성가신 일이다.

두말할 필요 없이 사람들은 프로판 공급회사를 자주 바꾸지 않는데, 무엇보다 경쟁사로 전환할 경우 기존 유통회사에 수수료를 물어야 하기 때문이다. 이로 인해 가스 유통회사들은 상당한 가격결정력을 보유하고 있으며 이들 회사의 높은 자본이익률은 재정적인 안전판 역할을 한다.

의료 부문에서는 연구 장비 제조회사들이 전환 비용의 이점을 누리는 경우가 많다. 예를 들어서 워터스 주식회사

Waters Corporation는 액체 크로마토그래피LC라고 하는 처리 과정을 수행하는 정교하고 값비싼 장비를 제조한다. 이 장비는 정화 및 품질관리를 위해 합성물을 화학 성분들로 분리한다.

LC 장비는 물의 오염물질이나 석유의 불순물을 테스트할 수 있는데, 워터스 LC 장비에서 경쟁사로 전환하려는 회사는 5~10만 달러나 되는 상당히 비싼 신제품 가격을 지불해야 할 뿐 아니라, 새로운 장비 사용법을 연구소 기술자들에게 다시 가르쳐야 한다. 이는 시간 손실과 생산성 하락을 일으킨다. 그리고 무엇보다 LC 프로세스에는 워터스에 상당한 이익을 주는 소모품이 계속 사용되어야 한다. 워터스가 30%가 넘는 높은 ROIC를 달성할 수 있는 것은, 바로 이 전환 비용 때문이라는 사실을 알 수 있다.

나는 소매점, 식당, 소비재회사 등과 같은 소비자중심 회사들에 대해 언급하지 않았다. 그 이유는 이들 회사의 중요한 약점이 낮은 전환 비용이기 때문이다. 한 옷가게에서 나와서 다른 옷가게로 들어가거나 마트에서 다른 브랜드의 치약을 고르는 일에는 거의 아무런 노력이 필요 없다. 이 때문에 소매점이나 음식점들이 자신의 사업 주위에 해자를 만들기가 매우 어려운 것이다. 월마트나 홈데포Home Depot와 같은 일부 유통회사는 규모의 경제를 통해 성공한 것이다. 그리고 코치Coach 같은 회사는 강력한 브랜드를 구축함으로써 해자를 만든다. 그러나 일반적인 소비자 지향기업들은 낮은 전환 비용으로 인해 타격을 입는 경우가 많다.

전환 비용은 추정하기가 어렵다. 고객의 경험을 완전히 이해하고 고객의 입장에 서보지 않는다면 알 수가 없기 때문이다. 하지만 이와 같은 종류의 경제적 해자는 매우 강력하고 오랫동안 지속될 수 있기 때문에 찾는 데 많은 시간이 들더라도 그럴 만한 가치가 있다. 내가 이 장에서 설명한 사례들이 여러분에게 많은 교훈을 주었길 바란다.

경쟁우위의 세 번째 원천은 다음 장의 주제이다. 이것도 전환 비용의 일종이라고 주장할 수도 있겠지만, 네트워크 효과는 독특하면서도 잠재적으로 강력한 경제적 해자를 만들 수 있으므로 그 자체로 하나의 장을 할애할 만한 가치가 있다.

The Bottom Line

1. 고객들이 경쟁자의 제품이나 서비스를 사용하기 어렵게 만드는 기업은 전환 비용을 만든다. 고객이 다른 회사로 이동할 가능성이 낮아지면 회사는 더 높은 가격을 받을 수 있으므로 자본이익률이 높아진다.

2. 전환 비용은 다양한 형태를 띤다. 고객의 업무와 긴밀한 통합, 금전적 비용, 유지비용 등은 전환 비용의 몇 가지 예이다.

3. 은행은 전환 비용을 이용해서 많은 돈을 벌고 있다.

chapter 5

세 번째 해자 - 네트워크 효과

다양한 가치를 만들어내는 네트워크

나는 누구든지 전에 만난 적이 있는 것처럼 친근하게 행동하는 사람을 보면 항상 존경스럽다. 아마 당신도 살면서 그런 사람을 한두 명쯤은 알고 있을 것이다. 만나는 사람마다 자연스럽게 잡담을 나누는 친구들을 보면 대개 여러 개의 두툼한 명함첩을 가지고 있다. 이렇게 인적 네트워크가 넓은 사람들은 알고 지내는 것이 좋다. 더 많은 사람을 알수록 상호이익이 되는 관계를 맺을 수 있는 사람의 수가 더 많아지기 때문이다. 네트워크에 속한 사람의 수가 많은 사람일수록 사회적 가치가 증가한다고 볼 수 있다.

네트워크 효과로 이익을 얻는 기업들도 마찬가지다. 사용자 수가 더 많을수록 제품이나 서비스의 가치가 증가한다. 매우 쉽다고 생각할지 모르지만 실제로 이와 같은 회사는 매우 드물다. 당신이 가장 좋아하는 식당에 대해서 생각해보라. 그 식당이 훌륭한 음식을 적당한 가격에 제공하기 때문에 당신은 그곳에 많은 가치를 부여하고 있을 것이다. 그 식당에 손님이 많고 적음은 상관이 없다. 사실 우리 입장에서는 지나치게 붐비지 않는 편이 더 좋다. 하지만 서비스의 가치는 거의 언제나 얼마나 많은 사람들이 그 서비스를 이용하느냐에 따라 결정된다.

이제 예를 들어 다우존스 산업지수에 속한 기업들과 같이 유명한 대기업에 대해서 생각해보자(표 5-1 참조). 거대 석유화학회사인 엑슨 모빌ExxonMobil은 그들이 천연자원을 발굴하는 비용보다 더 비싸게 연료들을 판매함으로써 돈을 번다. 고객이 더 많다면야 엑슨 모빌에게 좋은 것이지만, 그렇다고 고객 수의 많고 적음을 따져서 주유소를 선택하는 사람은 없다.

[표 5-1] 다우존스 산업 지수에 속한 기업들

주식 종목	산업	약어
IBM	컴퓨터 장비	IBM
보잉(Boeing Company)	항공 및 국방	BA
3M	다양한 제조	MMM
엑슨모빌(ExxonMobil Corporation)	석유 및 가스	XOM
유나이티드 테크놀로지(United Technologies)	다양한 제조	UTX
캐터필러(Caterpillar, Inc.)	건설 기계	CAT
프록터 앤 갬블(Procter & Gamble)	가정 및 개인용 제품	PG
알트리아 그룹(Altria Group, Inc.)	담배	MO
아메리칸 인터내셔널 그룹(American International Group)	보험	AIG
존슨 앤 존슨(Johnson & Johnson)	의약품	JNJ
허니웰 인터내셔널(Honeywell International, Inc.)	다양함	HON
아메리칸 익스프레스(American Express Company)	신용 카드	AXP
코카콜라(Coca-Cola Company)	음료 제조	KO
맥도날드(McDonald's Corporation)	레스토랑	MCD
머크(Merck & Co., Inc.)	의약품	MRK
휴렛 패커드(Hewlett-Packard Company)	컴퓨터 장비	HPQ
뒤퐁(Dupont EI de Nemours & Co.)	화학약품	DD
시티그룹(Citigroup, Inc.)	국제 은행	C
J. P. 모건(J. P. Morgan Chase & Co.)	국제 은행	JPM
베리즌(Verizon Communications, Inc.)	통신 서비스	VZ
월마트(Wal-Mart Stores, Inc.)	할인 상점	WMT
AT&T, Inc.	통신 서비스	T
제너럴 일렉트릭(General Electric Company)	다양한 제조	GE
알코아(Alcoa, Inc.)	알루미늄	AA
제너럴 모터스(General Motors Corporation)	자동차 제조	GM

월트 디즈니(Walt Disney Company)	미디어 대기업	DIS
홈디포(Home Depot, Inc.)	가정용품	HD
마이크로소프트(Microsoft Corporation)	소프트웨어	MSFT
인텔(Intel Corporation)	반도체	INTC
화이자(Pfizer, Inc.)	의약품	PFE

시티그룹Citigroup은 어떤가? 기업들은 다른 기업들이 시티은행을 이용하기 때문에 시티은행을 이용하는 것이 아니라, 유리한 대출이자를 제공하기 때문에 이용하는 것이다. 월마트도 마찬가지다. 이 공룡 유통회사의 낮은 원가는 부분적으로 엄청난 규모에서 기인하지만, 우리가 월마트에서 쇼핑하는 이유는 다른 많은 사람들이 월마트를 이용하기 때문이 아니라 단지 물건값이 싸기 때문이다.

그렇다면 다우지수에 포함되는 또 다른 회사, 아메리칸 익스프레스AMEX, American Express는 어떤가? 아멕스가 제공하는 보상과 마일리지도 다른 신용카드 회사와 경쟁하는 데 도움이 되지만, 사람들이 돈을 쓰고 싶어하는 수백만 개의 상점이 그 카드를 받지 않는다면 보상 수준을 3배로 늘리더라도 사용자가 많지 않을 것이다. 새로운 신용카드를 출시하고 싶어하는 다른 회사에 대비되는 아멕스의 경쟁우위는 엄청나게 큰 상점들의 네트워크인 것이다. 아멕스를 사용할 수 있는 상점이 많을수록 그 카드의 가치는 더 증가한다. 이것이 아멕스가 편의점과 주유소 같은 소규모 상점들에서도 아멕스 카드를 받을 수 있도록 하기 위해 노력하는 중요한 이유이다.

이제 미국에 얼마나 많은 신용카드 회사가 있는지 생각해보자. 4대 신용카드 회사인 비자Visa, 마스터MasterCard, 아멕스 및 디스커버Discover가 미국 전체 신용카드 지출액의 85%를 차지한다. 이것은 엄청난 시장 집중이며, 네트워크 효과가 매우 강력한 경쟁우위가 되는 근본적인 이유를 잘 보여준다. 네트워크 기반 사업은 자연적인 독과점을 만드는 경향이 있다. 경제학자인 브라이언 아서Brian Arthur 교수는 이를 두고 "네트워크의 수는 줄어들게 되어 있다"라고 간단히 표현했다.

이 말은 상당히 일리가 있다. 상품이나 서비스의 가치가 사용자의 수와 함께 증가한다면 가장 가치 있는 네트워크 기반 제품은 가장 많은 사용자들을 유혹하는 제품일 것이며, 따라서 작은 네트워크들을 파산시키고 지배적인 네트워크들의 규모를 증가시키는 선순환이 만들어진다. 또한 지배적인 네트워크들은 규모가 커지면서 더 강력한 경쟁력을 갖게 된다.

그러나 물론 네트워크 효과의 본질적인 특성으로 인해 이익을 얻는 기업의 수는 많지 않다. 네트워크들은 선두주자를 중심으로 통합하는 경향이 있기 때문이다. 이 이론을 간단한 방법으로 검증하려면 다우존스 산업지수에 속한 회사들 중에서 네트워크 효과로 이익을 얻는 회사들을 찾아보면 된다.

찾아보니 이론대로 다우지수에 속한 회사 중 네트워크 효과로부터 상당한 경쟁력을 얻는 회사는 2개, 즉 아멕스와 마이크로소프트밖에 없었다. 이미 앞에서 아멕스의 해자에 대해서 이야기했으니 네트워크 효과가 마이크로소프트에 이익이 되는 이유도 쉽게 이해할 수 있을 것이다. 많은 사람들이 MS 오피스, 윈도우즈 같은 소프트웨어를 사용하는 이유는 바로 많은 사람들이 MS 오피스, 윈도우즈를 사용하기 때문이다.

윈도우즈가 최고의 PC 운영체제라고 주장하기는 어렵지만, 엄청난 사용자 기반으로 인해 윈도우즈 기반 PC를 사용할 줄 모르면 미국의 기업에서 살아남을 수 없다. 워드프로세서와 엑셀도 비슷하다. 당장 다음 주에 경쟁자가 5배쯤 더 쉽고 가격은 절반에 불과한 워드프로세서나 스프레드시트를 출시한다고 해도 시장에서 영향력을 얻기란 어려울 것이다. 좋든 싫든 엑셀과 워드프로세서는 이미 전 세계 지식 근로자들의 공용어가 되었기 때문이다.

실제로 오픈 오피스Open Office라고 하는 오피스 경쟁 제품이 몇 년 동안 시장에서 판매된 적이 있었다. 이 제품은 누구도 경쟁하기 어려운 가격, 즉 무료였음에도 불구하고 엑셀과 워드프로세서보다 훨씬 적게 팔렸다. 이 워드프로세싱 및 스프레드시트 프로그램은 워드프로세서나 엑셀과 매우 비슷하게 보였으며 파일은 대부분 마이크로소프트

제품들과 호환되었다. 나는 '오픈 오피스'를 사용해본 적이 있는데 상당히 괜찮았다. 하지만 주류 기업 시장에서 높은 점유율을 얻지는 못했다. 이는 몇 가지 작은 차이점들 때문이 아니라, 세계의 대부분의 기업들이 MS 오피스 프로그램을 사용하기 때문이다. 생각해보라. 사람들이 다른 사람들과 공유할 수 없을지도 모를 파일을 만들어내는 그런 프로그램을 얼마나 사용하고 싶어하겠는가?

상당히 우수하고 무료인 경쟁 제품이 어떤 회사의 시장점유율을 낮추지 못한다면, 이 회사야말로 경쟁력을 갖추고 있다고 분명히 말할 수 있다.

다우지수를 간단히 살펴보고 나서 알게 된 또 하나의 흥미로운 사실은 아멕스와 마이크로소프트가 모두 비교적 신생 산업 분야에서 영업하고 있다는 것이다. 신용카드의 역사는 불과 수십 년밖에 되지 않았고, PC 산업은 그보다 훨씬 더 역사가 짧다. 네트워크 기반 사업의 특성을 생각해보면 이것이 우연의 일치가 아니라는 사실을 알 수 있을 것이다. 네트워크 효과는 물리적인 자본에 근거한 사업보다 정보나 지식의 이동에 근거한 사업에서 훨씬 더 흔하게 볼 수 있다.

그 이유는 경제학자들이 정보를 '비경쟁' 상품이라고 불렀던 것과 관련이 있다. 대부분의 상품은 한 번에 한 사람만 사용할 수 있다. 캐터필러Caterpillar에서 불도저를 사서 내가 그 불도저로 기초공사를 하고 있는 동안 다른 사람은 아무도 사용할 수 없다. 이러한 종류의 상품을 '경쟁 상품'이라고 부른다. 그러나 아멕스 지불 네트워크는 다른 수백만 명의 카드 소유자들과 동시에 사용할 수 있으며, 마찬가지로 뉴욕증권거래소NYSE를 동시에 이용해서 아멕스의 주식가격이 얼마인지도 알 수 있다. 아멕스 네트워크나 뉴욕증권거래소는 누군가가 이용하고 있다고 해서 다른 사람이 그 네트워크를 이용하는 것이 방해받지 않는다. 오히려 더 많은 사람들이 네트워크를 사용할수록 그 네트워크의 가치는 더 높아진다.

핵심은 경쟁(물리적인) 상품을 취급하는 사업보다는 정보 공유나 사용자들을 서로 연결시키는 일에 기반을 둔 사업에서 네트워크 효과를 발견할 가능성이 높다는 것이다. 이는 절대적인 진리는 아니지만 대체적으로 사실이다.

이제 당신은 네트워크 효과가 왜 강력한 경쟁력을 가질 수 있는지 어렴풋이 알게 되었을 것이다. 사용자들이 한 경쟁사에서 출시한 새로운 네트워크의 가치를 보고 기존 네트워크에서 이동하도록 만들기 위해서는 그 네트워크를 똑같이 또는 최소한 비슷하게 만들어야 한다. 일반적으로 말해서 이것은 상당히 어려운 주문이다. 본 장의 뒷부분에서 다룰 금융거래소와 같은 적절한 조건하에서 일어날 수는 있지만 네트워크 기반 사업은 대개의 경우 상당히 오래 간다. 그 이유를 이해하기 위해서 이제 창업한 지 불과 10년 정도밖에 되지 않았지만 네트워크 효과의 규범적인 사례가 된 이베이^{eBay}를 살펴보자.

실제 네트워크의 작용

이베이에 대해서 설명할 때 미국 온라인 경매시장을 '지배'하고 있는 회사라고 말하는 것은, 마치 앤셀 애덤스^{Ansel}

Adams, 미국의 유명 사진작가가 멋진 미국 국립공원 사진을 몇 장 찍었다고 말하는 것처럼 이베이를 과소평가하는 말이다. '지배한다'라는 단어로는 부족하다. 이 글을 쓰고 있는 현재 이베이는 미국의 인터넷 경매 이용자의 85% 이상을 점유하고 있다. 이베이 방문자들은 다른 경쟁 사이트 방문자보다 단위 거래당 지출이 더 많고 구매 가능성이 더 높기 때문에 이베이의 온라인 경매 지출금 점유율은 85%보다 훨씬 더 높을 것이다. 앞에서 네트워크 효과에 대해 논의했기 때문에 그 이유는 쉽게 알 수 있을 것이다. 구매자들은 판매자들이 이베이에 있기 때문에 이곳에서 물건을 파는 것이고 그 반대의 경우도 마찬가지이다.

내일 당장 이베이보다 수수료율이 훨씬 낮은 경쟁 사이트가 새로 생기더라도 당장 구매자가 없으니 판매자도 없다. 다시 판매자가 없으면 구매자도 없으니 이용자 수는 쉽게 늘어나지 않게 된다. 이 새로운 사이트의 용감한 최초 사용자들은 이베이의 구매 후기처럼 어떤 다른 사용자들이 신뢰할 수 있는지 알려주는 서비스도 이용할 수 없고, 다른 사용자들의 수가 적기 때문에 어떤 가격이 가장 좋은 가격인지 확인할 수도 없을 것이다.

나는 언젠가 모닝스타의 분석가가 되고 싶어하는 취업 희망자에게 내가 벤처 자본가로서 그에게 엄청난 금전적 지원을 할 테니 미국에서 이베이와 경쟁해서 이기려면 어떻게 하겠느냐고 물어본 적이 있다. 그는 잠시 생각하더니 "그 돈을 돌려 드리겠습니다"라고 말했다. 훌륭한 답변이었다.

그러나 이베이가 성공을 하지 못한 시장도 있다. 그 이유가 무엇인지 간단히 살펴봄으로써 네트워크 효과에 대해 많은 사실을 배울 수 있다. 일본에서는 이베이가 아예 존재하지도 않는다. 대신 야후 재팬이 이 나라의 온라인 경매시장을 대부분 차지하고 있다. 그 이유는 사실 매우 단순하다. 야후 재팬은 이베이보다 5개월 앞서서 경매 서비스를 제공했기 때문에 상당히 많은 구매자와 판매자들을 단기간 안에 끌어 모을 수 있었던 것이다. 뿐만 아니라 야후 재팬은 처음에 대대적인 광고를 하고 수수료를 받지 않음으로써 빠른 시간 안에 임계치를 달성할 수 있었다. 이베이가 문을 열었을 때는 이미 이베이가 미국시장을 지배하게 만들어주었던 것과 똑같은 네트워크 효과로 인해 야후 재팬이 승리를 거둔 후였다. 이베이는 그 후 2년간 경쟁에서 이기기 위해 많은 노력을 쏟아부었지만, 결국 패배를 인정하고 일본시장에서 완전히 철수했다.

미국과 일본에서 이베이의 사례가 네트워크 경제학이 작용할 때 시장을 선점하는 선두주자가 유리하다는 분명한 사례라면, 중국에서 이베이가 고전하고 있는 현실은 시장을 선점하는 것만으로는 충분하지 않다는 사실을 보여준다. 상황에 따라서는 네트워크 효과에 근거한 해자도 극복할 수 있다.

몇 년 전 한때 이베이는 중국에서 최대의 온라인 경매 사이트를 운영했고 온라인 경매 이용자의 약 90%를 점유했다. 그러나 중국 토종 경쟁자가 나타나서 등록비를 면제하고 이외에 중국시장에 특별히 매력적인 몇 가지 기능을 도입했다. 이베이는 매우 빠르게 시장점유율을 잃어버렸고 결국 중국시장에서 철수했다.

이 사례에서 얻을 수 있는 교훈은 새로운 종류의 서비스(이 경우에는 온라인 경매)에 대한 소비자의 선호도가 형성 중인 급성장하는 시장에서 네트워크 효과는 강력한 공격을 받을 수 있다는 것이다. 물론 경쟁 위협에 대한 이베이의 느린 대응에도 문제가 있었지만 이 경우 경쟁사가 중국 회사이기 때문에 현지에서 일종의 영웅 같은 대접을 받음으로써 얻은 이익도 어느 정도 있었다.

이베이 이야기는 이 정도로 끝내고 이제 네트워크 효과가 작용하는 몇 가지 다른 사례를 살펴보자.

모든 종류의 물리적인 상품에 대한 온라인 거래소인 이베이와 나스닥NASDAQ, 뉴욕증권거래소, 시카고상품거래소CME 등과 같은 금융시장은 크게 다르지 않다. 금융거래소들은 이베이처럼 네트워크 효과의 이점을 누리고 있지만, 몇 가지 중요한 차이점이 있다. 이 차이점들을 살펴보면 네트워크 경제가 가장 큰 성공을 거두는 경우와 실패하는 경우가 언제인지 명확히 알 수 있다.

금융거래소에 대한 네트워크 효과의 역학은 단순하다. 더 많은 판매자와 구매자가 거래소에 모일수록 참가자들은 원하는 자산을 원하는 가격에 찾을 가능성이 더 높아진다. 금융 전문용어로 표현하자면 '구매자와 판매자의 수가 많을수록 유동성이 증가한다'라고 할 수 있다. 유동성은 폭이 넓을 수도 있고, 깊이가 깊을 수도 있다. 유동성의 폭이 넓다는 것은 참여자들이 광범위한 자산을 거래한다는 뜻이고, 유동성이 깊다는 것은 참여자들이 가격에 영향을 주지 않고 많은 양의 자산을 거래할 수 있다는 뜻이다.

아주 멋진 사업처럼 보이지 않는가? 네트워크 효과를 활용하여 깊고 넓은 유동성을 구축한다면 돈이 저절로 굴러 들어올 것이다. 실제로 시카고상품거래소와 뉴욕상업거래소NYMEX와 같은 선물거래소는 네트워크에 의한 유동성 덕분에 넓은 해자를 지니고 엄청난 수익을 벌어들이고 있다. 하지만 불행하게도 증권거래소는 약간 복잡한 경우이다. 뉴욕증권거래소와 나스닥처럼 주로 주식을 거래하는 거래소는 유동성이 깊긴 하지만 경쟁력이 훨씬 약하다.

실제로 최근 몇 년 동안 선물거래소는 상당히 견실한 수익성을 유지해온 반면 증권거래소는 경쟁이 갈수록 치열해지면서 자본이익률이 계속 하락해왔다. 그 이유는 선물계약은 개별 선물거래소에 구속되어 있기 때문이다. 예를 들어 내가 뉴욕상업거래소나 시카고상품거래소에서 선물계약을 구매했다면 나는 그곳에서밖에 팔 수 없다. 이렇게 선물거래소는 개별 거래에 대해 강한 통제력을 발휘할 수 있기 때문에 시장 참여자들로부터 훨씬 더 높은 가치를 뽑아낼 수 있다.

그러나 주식은 다양한 거래소에서 사고팔 수 있으므로 가격 경쟁이 훨씬 더 심하다. 전문 투자자는 뉴욕상업거래소에서 IBM 주식을 1,000주 사서 IBM의 주식을 거래하는 대여섯 개의 다른 거래소 중에서 더 나은 가격을 제시하는 거래소에서 팔 수 있다. IBM 주식의 유동성은 하나의 거래소에 국한되지 않기 때문에 어떤 증권거래소도 선물거래소만큼 큰 네트워크 효과를 누리지 못한다.

여기에서 얻을 수 있는 교훈은 네트워크 효과로 이익을

얻으려는 회사는 닫힌 네트워크를 운영해야 한다는 것이다. 과거에 닫혀 있던 네트워크가 열리면 네트워크 효과는 순식간에 사라져버릴 수 있다. 네트워크 경제로 이익을 얻을 가능성이 있는 회사를 평가하고 있을 때는 항상 다음과 같은 질문을 해보는 것이 좋다. "그 네트워크가 다른 참여자들에게 열릴 수 있는 가능성은 얼마인가?"

거래소에서 다른 산업 분야로 눈을 돌려보면 다른 분야의 많은 시장에서도 네트워크 효과가 작동하고 있음을 알 수 있다. 송금 전문회사인 웨스턴 유니온^{Western Union}이 좋은 사례이다. 이 회사의 네트워크 가치는 경쟁사보다 네트워크가 3배 더 크지만 경쟁사보다 5배나 더 많은 거래를 처리한다는 사실로 입증할 수 있다. 다시 말해서 웨스턴 유니온의 사용자들은 경쟁사를 이용할 때보다 더 많은 곳에 송금할 수 있기 때문에 웨스턴 유니온은 평균적으로 지점당 거래액수가 더 높다.

이는 네트워크 기반 사업의 공통적인 효과이다. 네트워크의 더 큰 이점은 비선형적으로 확대된다는 데 있다.

즉, 네트워크 효과는 네트워크의 절대적인 크기보다 더 빠른 속도로 증가한다는 것이다. 웨스턴 유니온 지점의 수와 비슷한 네트워크 내의 노드node 수를 노드 사이의 연결 connection 수와 비교하는 표 5-2와 표 5-3을 보면 이 사실을 더 잘 이해할 수 있을 것이다.

노드 수가 증가함에 따라 연결 수가 얼마나 빨리 증가하는지 보면 믿기 어려울 정도이다. 실질적으로 경제성이 얼마나 뛰어난지 쉽게 이해할 수 있을 것이다. 네트워크 기반 사업이 투자 자본을 50% 증가시켜 노드 수를 20에서 30으로 증가시키면, 연결의 수는 190개에서 435개로 거의 130% 증가한다.

물론 이와 같은 종류의 분석에서는 약간 조심해야 할 점이 있다. 네트워크상의 모든 연결이 모든 사용자에게 똑같은 가치를 지니고 있지 않을 가능성이 매우 높기 때문이다.

웨스턴 유니온의 예를 다시 생각해보면 멕시코의 여러 지역에 웨스턴 유니온의 지점들이 많이 존재한다면, 내가 살고 있는 시카고의 필슨이라는 지역에 사는 사람들에게

[표 5-2] 노드와 연결량

노드	연결
2	1
3	3
4	6
5	10
10	45
20	190
30	435
40	780
50	1,225

[표 5-3] 노드와 연결

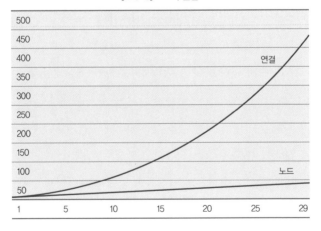

는 이 회사의 서비스가 매우 가치 있을 것이다. 필슨에는 멕시코 이민자들이 많이 살고 있기 때문이다. 그러나 필슨의 거주민 중 아랍 에미리트의 두바이나 방글라데시의 다카로 돈을 송금하는 사람이 많다면 이 노드 연결은 필슨에 사는 대부분의 사람들에게 가치가 높지는 않을 것이다.

사용자들에게 네트워크의 가치는 노드의 수보다는 연결의 수와 더 밀접한 관련이 있지만 연결의 수가 엄청나게 커지면 가치와 연결의 관련성은 점점 낮아질 것이다.

다음에 예시할 네트워크 효과의 사례는 사람들에게 잘 알려져 있지 않지만 수익성이 엄청나게 좋은 제3차 물류 산업이다. 얼핏 지루하게 들릴지 모르지만 자본이익률이 40%에 달하며 10년 이상 연간 성장률이 20~30%에 달했다는 이야기를 들으면 흥미가 높아질 것이다. C. H. 로빈슨C. H. Robinson이나 익스페디터 인터내셔널Expeditors International과 같은 회사들이 이토록 인상적인 실적을 달성할 수 있었던 이유는 무엇일까? 그것은 네트워크 효과에 기초한 해자를 구축했기 때문이다.

이 두 회사의 사업은 모두 본질적으로 화주들을 운송회사들과 연결해주는 것이다. 화물 운송에 대한 중개인이라 볼 수 있다. C. H. 로빈슨은 선적할 화물이 있는 회사들과 가능한 한 트레일러를 가득 채우고 싶어하는 트럭 운송업자들을 서로 연결해주는 일을 한다. C. H. 로빈슨이 더 많은 화주들과 관계를 맺을수록 이 회사는 화물에 굶주린 트럭 운송업자들에게 더 큰 매력을 갖게 되며, 그 반대도 역시 마찬가지다. 이는 매우 강력한 경쟁력이기도 하다.

한편 익스페디터 인터내셔널은 약간 다르다. 국제적으로 영업하는 이 회사는 단순한 화물 중개업체가 아니다. 본질적으로 이 회사의 고객들은 정해진 시간 내에 국경을 넘어서 화물을 운반하도록 요청하며, 익스페디터는 그 세부적인 사항들을 책임진다. 익스페디터는 고객들을 위해서 비행기와 배의 화물 공간을 구매하고 그 공간을 고객의 화물로 채우며, 생산지와 출발지에서 발생할 수 있는 세관업무, 관세, 창고 확보 등과 같은 다른 복잡한 일들도 처리한다.

익스페디터 인터내셔널의 해자는 광범위한 지점망이다.

이 지점망이 고객들에게 더 효과적으로 서비스를 할 수 있도록 해주기 때문이다. 고객이 물건을 선적할 때 익스페디터는 출발지와 도착지 모두에 지점을 가지고 있을 확률이 높다. 이것을 확인하는 한 가지 방법은 약간의 재무 조사를 해보는 것이다. 익스페디터의 지점망이 크고 실제로 각 지점에 더 많은 화물을 보낼 수 있다면, 새로운 지점들이 기존 지점들에 화물 흐름을 추가할 수 있으므로 이 회사의 지점별 영업이익은 증가할 것이다. 그리고 실제로 그런 결과가 일어났다(표 5-4 참조).

다시 말해 견고한 네트워크를 만들어야 한다는 것이다. 내가 이 장의 첫머리에 제시했던 사회적 영향력이 큰 사람들을 생각해보면 될 것이다. 최고 경영자 모임은 대기업들의 우수 사례 연구서를 발행한다. 이는 어떤 문제에 직면했을 때 그와 유사한 문제를 겪었던 다른 회사들의 사례를 공유함으로써 문제의 해결책을 찾는 데 도움을 준다. 여기에서도 이미 네트워크 효과가 작용하고 있는 것이다. 최고 경영자들의 네트워크 속에 있는 회사가 더 많아질수록 회

[표 5-4] 익스페디터 인터내셔널의 지점당 영업이익(단위 : 1,000달러)

영업이익

년도	1993	1994	1995	1996	1997	1998	1999	2000	2001	2002	2003	2004	2005	2006
영업이익														

원사가 필요로 하는 관련 정보가 더 많아지게 된다. 또한 이것은 일시적인 문제에 대해 회원사들이 함께 연결됨으로써 회원사들을 도와주기도 한다.

이 비즈니스의 미학은 발행된 우수 사례 연구서가 실제의 네트워크보다는 가치가 떨어진다는 데 있다. 만약 당신이 시간이 부족한 대기업의 고위관리자라면 어떤 네트워크에 합류할 것인가? 아마 당연히 대기업의 다른 고위관리자들이 속해 있는 네트워크일 것이다. 당신이 경쟁하고 있는 것은 그들이고, 당신 또한 그들과 생각을 나란히 하고 싶을 것이기 때문이다. 네트워크는 그렇게 서로가 서로를 끌어당기게 하는 힘을 가지고 있다.

이제 여러분은 네트워크 효과가 상당히 강력한 경쟁력임을 깨달았을 것이다. 이것은 극복하기 불가능한 것은 아니지만 대부분의 환경에서 경쟁자가 끼어들기가 어려운 경쟁력이다. 이 해자는 찾기가 쉽지는 않지만 일단 찾는다면 찾는 데 들인 노력을 보상해줄 만한 가치가 있다.

The Bottom Line

1. 제품이나 서비스의 가치가 사용자 수를 증가시키는 경우 네트워크 효과로부터 이익을 얻는다. 신용 카드, 온라인 경매, 그리고 일부 금융 거래소가 좋은 예이다.

2. 네트워크 효과는 매우 강력한 경쟁력이며 정보를 공유하거나 사용자들을 서로 연결하는 일을 근간으로 하는 사업에서 가장 흔히 발견된다. 물리적인 상품을 취급하는 사업에서는 좀처럼 보기 어렵다.

chapter 6

네 번째 해자 - 원가 우위

똑똑해지거나, 가까워지거나, 독특해져라

지금까지 우리가 논의했던 경쟁력의 모든 근원은 가격이나 회사가 고객으로부터 끌어낼 수 있는 가치에 초점을 맞춘 것이었다. 무형 자산, 전환 비용, 그리고 네트워크 효과는 모두 그러한 이점이 없을 때보다 제품이나 서비스에 더 많은 가격을 부과할 수 있게 해준다. 가격의 반대말은 물론 원가이며, 기업들도 경쟁사들보다 낮은 원가를 꾸준히 유지함으로써 자신의 사업 주위에 해자를 구축할 수 있다.

원가 우위는 영속적일 수도 있지만 매우 빨리 사라질 수도 있다. 따라서 투자자는 어느 회사의 원가 우위를 경쟁사가 모방할 수 있는지 여부를 판단할 수 있어야 한다. 지난 몇 년 동안 수많은 회사들이 콜센터나 제조시설을 중국, 인도, 필리핀 등과 같은 지역으로 이전함으로써 원가를 절감했노라고 큰소리쳤다. 그들은 회사의 중간관리자가 노무 비용이 80% 낮은 공장에서 저가 부품을 조달하겠다고 제안하면, 마치 경영진의 전체 IQ가 갑자기 2배로 높아진 것처럼 행동한다.

하지만 그것은 비범한 재능도 아니고 지속 가능한 경쟁우위도 아니다. 어느 회사든 원하기만 하면 그와 동일한 저비용 자원을 이용할 수 있는 가능성이 높기 때문이다. 자동차 부품 공급업체가 중국에서 저부가가치 부품을 조달하기 시작한다면 경쟁사가 비슷한 공급선을 확보할 때까지 얼마나 걸릴까? 결코 오래 걸리지 않을 것이다. 경쟁사로서 고비용으로 오래 영업할수록 사업이 실패할 가능성이 높아지는 것은 자명하며, 세계화된 경제에서 가격에 민감한 산업일수록 원가를 최소화하는 것만이 생존할 수 있는 유일한 방법이기 때문이다.

두말할 필요 없이 원가 우위는 가격이 고객의 구매 기준에서 많은 부분을 차지하는 산업에서 가장 중요하다. 이들 산업은 일반적으로 원자재 산업(기술적으로 원자재 상품은 가격 이외에는 다른 차별화 요인이 없는 제품을 말한다)이라는 특징을 갖지만, 항상 그런 것은 아니다. 예를 들어 인텔은 AMD보다 높은 원가 우위를 지니고 있지만, 마이크로프로세서 산업 자체는 엄밀한 의미에서 원자재 상품이라고 보기 어렵다.

원가 우위가 중요한 요인인 산업을 찾아내는 방법은 대체품을 쉽게 구할 수 있는지 여부를 생각해보는 것이다. 인텔 칩은 AMD 칩과 분명히 다르기는 하지만 사용자 입장에서는 거의 똑같은 제품이다. 그리고 구매자들이 보기에는 어느 쪽이 가격 대비 성능 비율이 더 좋은지가 가장 중요하다. 인텔이 장기적인 원가가 낮을지 모르지만 AMD의 칩이 훨씬 더 성능이 우수하다면 사용자들은 일시적으로 AMD 제품으로 옮겨갈 것이다(실제로 그런 시기가 있었다).

아주 작은 제품에서 아주 거대한 제품으로 바꿔서 생각

한다 해도, 비행기시장으로 이야기를 바꾸어도, 이야기는 놀라울 만큼 거의 유사하다. 믿거나 말거나라고 해도 말이다. 놀라울 정도로 복잡한 제품이지만 항공사의 입장에서는 보잉 737과 에어버스 A320은 그렇게 다르지 않다. 항속거리도 비슷하고 탑승좌석 수도 비슷하다. 따라서 새 비행기를 구매하려는 항공사는 보잉과 에어버스 중 어느 제조업체가 더 나은 가격을 제시하는지 비교한 다음 대체로 그 결과에 근거해서 결정을 할 것이다. 사우스웨스트나 제트블루JetBlue와 같이 한 종류의 비행기만 사용하는 항공사들은 예외적인 경우이다.

미국 자동차회사와 일본 자동차회사에 대해서도 똑같은 말을 할 수 있다. 아무도 포드 토러스Ford Taurus와 혼다 어코드Honda Accord를 혼동하지 않지만 기능은 거의 같기 때문에 가격이 낮고 고장이 적은 자동차가 시장에서 더 잘 팔릴 것이다. 자동차의 구매결정에서 가격은 굉장히 큰 부분을 차지하기 때문에 자동차 제조업체들에게 비용은 중요하다.

원가 우위는 저비용 프로세스, 유리한 위치, 고유한 자산, 그리고 규모의 경제라는 네 가지 요소에서 발생할 수 있다. 특히 규모에 기반한 원가 우위는 여러 가지 형태로 나타날 수 있다. 이것을 이해하는 것이 매우 중요하기 때문에 어떤 경우에 규모의 우위가 생기는지 이해를 돕기 위해 7장 전체에서 이 주제에 대해 다룰 것이다. 이 장에서는 다른 세 가지 종류의 원가 우위에 대해 살펴보자.•

더 우수한 프로세스

프로세스 우위가 흥미로운 이유는 이것이 이론적으로 경쟁력이 될 수 있을 만큼 오랫동안 존재할 수 없기 때문이다. 한 회사에서 제품이나 서비스를 더 낮은 원가로 제공하는 방법을 생각해냈다면, 당연히 경쟁사에서 그 프로세스를 흉내 내어 선두주자와 대등한 원가 구조를 갖추려고 할 것이 아닌가? 일반적으로 이렇게 되기는 하지만 그

• 신형 보잉 787은 에어버스가 아직 모방하지 못한 여러 기술적 이점들을 채택하고 있기 때문에 이와 같은 역학이 바뀔 수도 있다. 그러나 구형 제트기들은 여전히 주로 가격에 따라 판매가 좌우될 가능성이 높다.

렇게 되기까지 걸리는 시간이 예상보다 훨씬 더 오래 걸릴 수 있다. 우리에게는 시간이 오래 걸리는 이유가 무엇인지 이해하는 것이 중요하다. 그 시간 동안 저비용 프로세스를 개발한 회사는 많은 돈을 벌 수 있기 때문이다.

델과 사우스웨스트 항공사와 같은 저가 전략을 취하는 회사들이 누리고 있는 프로세스 기반 원가 우위를 여기에서 굳이 다시 설명할 필요는 없을 것이다. 우리는 이 두 회사의 이야기를 수없이 들었기 때문이다. 델은 유통업체들의 수를 줄여서 구매자에게 직접 판매하고, PC를 주문 제작함으로써 재고를 매우 낮은 수준으로 유지하였다. 사우스웨스트는 한 종류의 제트기만을 활용하여 유지관리 비용을 낮추고, 지상 시간을 최소화하여 회전율을 높였으며, 절약하는 직원 문화를 만들어냈다.

여기서 주목해야 할 것은 델과 사우스웨스트가 어떻게 경쟁사보다 훨씬 낮은 가격으로 PC와 항공 티켓을 판매할 수 있었는지가 아니다. 왜 비용 절감을 가능하게 해주는 이들의 프로세스가 널리 알려져 있는 것이었음에도 불구하고 이들이 '계속 경쟁사들보다 원가 우위를 유지할 수 있었는가' 하는 것이다.

사우스웨스트의 경우 주요 항공사들은 여러 가지 이유에서 그들의 저비용 프로세스를 모방할 수 없었다. 첫째, 견고한 노조 구조로 인해서 조종사들이 비행기 청소를 도우려고 하지 않았다. 둘째, 유지비용이 높은 허브 구조를 통해 수익이 높은 비즈니스 및 국제 고객들을 수송하는 주요 항공사들은 사우스웨스트의 직항 노선point-to-point을 흉내 내기가 어려웠을 것이다. 셋째, 항공산업에서는 일부 승객들을 왕족처럼 대접하고 그러한 특권에 대해 비싼 가격을 부과하는 방법으로 많은 돈을 벌었지만, 사우스웨스트는 좌석 등급 구분과 지정 좌석제가 없는 엄격한 평등주의 항공사이다. 간단히 말해서 주요 항공사들이 사우스웨스트의 원가 우위를 획득하기 위해서는 자신의 사업 모델을 버려야만 하는 것이다. 하지만 자신의 사업 모델을 버리고 새로운 사업 모델을 도입하여 처음부터 시작한다는 것은 결코 쉬운 일이 아니다.

그러나 이 설명은 왜 다른 수십 개의 신흥 항공사들 중 어떤 회사도 사우스웨스트가 했던 방식을 따라 하지 않았는가 하는 문제에 대한 답을 주지는 않는다. 그 이유는 사우스웨스트가 이미 2등급 공항들의 특정 시간대를 독점해 놓은 데다 중고 비행기보다 훨씬 유지비용이 낮은 신형 비행기를 연속해서 독점 공급받을 만큼 선견지명을 갖고 있었기 때문이다. 그러나 이에 못지않게 중요한 또 한 가지의 이유는 주요 항공사들이 위협을 느끼기 전에 사우스웨스트가 충분한 규모를 획득했다는 것이다. 항공사들이 위협을 느꼈을 때는 이미 사우스웨스트가 너무 커져버려서 제거할 수가 없었다. 그 후에 주요 항공사들은 신설 항공사들이 시장에 진입한 초기에 그들이 개설한 항로에 대한 가격을 공격적으로 할인함으로써 그들의 목을 졸랐다. 처음에는 소수의 항로로 시작하기 때문에 오랫동안 손실을 견딜 수가 없는 신규업체들은 사업을 접을 수밖에 없었던 것이다.

기존의 PC 제조업체들이 델을 내버려둔 것도 주요 항공사들이 사우스웨스트를 허용한 것과 같은 이유에서였다. 제조업체에서 최종 사용자에게로 PC를 전달하는 유통회사와 소매업체들은 PC 판매 유통망에서 매우 중요한 연결 고리이다. IBM이나 컴팩Compaq, 또는 어떤 PC 제조업체든 델의 직접판매 방식을 모방하여 동일한 조건에서 경쟁하려면 자신의 기존 사업 모델을 버려야만 한다. 그러면 왜 다른 신규회사들은 델의 사업모델을 모방하지 않았는가?

실제로 1990년대에 마이크론Micron과 게이트웨이Gateway 같은 PC 회사들이 델의 사업 모델을 모방하려고 했지만 모두 끔찍한 실패를 맛보았다. 마이크론은 두어 가지 다른 사업을 경영하느라고 델의 초효율적인 공급망을 효과적으로 모방하지 못했다. 그리고 게이트웨이는 차별화를 구축하려고 소비자시장에 진입하기 위한 소매점을 개설했다. 지금은 믿기 어렵지만 1996년에 델과 게이트웨이의 규모와 수익은 비슷했다. 그 이후에 델이 재고를 파격적으로 낮추면서 두 회사의 진로는 뚜렷하게 갈라졌고, 게이트웨이의 소매점들은 소규모 상가로 물러났다.

결론을 내리기 전에 프로세스에 기반한 원가 우위를 지 닌 두 회사를 더 살펴보자. 뉴코Nucor와 스틸 다이내믹스 Steel Dynamics는 유에스 스틸U. S. Steel, 베들레헴 스틸Bethlehem Steel과 같은 대형 제철회사들이 운영하는 오래된 통합 제 철소보다 훨씬 비용이 적게 드는 제철 공정을 활용하는 미 니밀mini-mill, 폐철을 특수강으로 생산하는 특수 용광로. 자본집약적, 기술집약적인 생 산체제을 운영한다. 뉴코는 1969년에 설립되어 저급 강철 제 품을 생산하면서 낮은 원가와 유연한 생산으로 통합 제철 소들 사이에서 시장점유율을 빠르게 잠식했다. 1990년대 뉴코 출신들이 창업한 스틸 다이내믹스는 현재 미국에서 가장 원가가 낮은 철강 제조업체이다. 기본적인 공정은 뉴 코와 같지만 뉴코보다 25년 후에 나온 신기술을 사용한다.

이 사례에서 뉴코와 스틸 다이내믹스는 모두 새로운 기 술을 활용했다. 이때는 이미 기존의 통합 제철소들이 자신 들이 가지고 있던 기존 운영시설에 수십억 달러를 투자하 고 난 뒤라서, 새로운 기술을 위한 운영시설을 가동할 경 제적 여력이 없을 때이기도 했다. 결국 유사한 미니밀 프로세스로 제철시장의 신규 진입자들이 사업을 시작하는 동안 기존의 고비용 통합 제철소들이 너무나 많은 시장점유율을 양도했기 때문에 뉴코와 스틸 다이내믹스는 다른 미니밀 프로세스를 이용하는 신규 진입자들처럼 상당한 수익을 취할 수 있었다.

이제 사우스웨스트, 델, 소규모 제철소들의 현재 모습을 살펴보자. 이들은 모두 아직까지 견실한 사업을 영위하고 있다. 그러나 현재 그들의 해자는 5년 전이나 10년 전보다 더 약해졌다. 왜 그런 것일까?

사우스웨스트는 여전히 다른 주요 항공사들보다 더 낮은 원가 구조를 가지고 있다. 그것은 사실 어려운 일은 아니다. 그렇지만 2등급 공항에서 저가의 고양력장치slot를 장착한 신형 비행기로 운항하는 제트블루나 에어트랜AirTran과 같은 경쟁사들과 맞서고 있다. 또한 주요 항공사들의 재정 상태가 쇠락해가면서 저가 항공사들이 규모를 키우기가 더 쉬워졌다. 대형 항공사들은 생존하기 위해 발버둥치고 있느라 신흥 항공사들을 궤멸시킬 만한 자원의 여유가 없어졌기 때문이다. 따라서 신흥 저가 항공사들은 사우스웨스트의 비밀 소스의 중요한 성분들을 모방하여 원가를 낮출 수 있었다.

한편 델도 아직도 저비용 PC 제조업체이지만 지금은 원가 우위가 상당히 축소되었다. HP가 사업 구조를 개편하여 원가를 절감하였고 IBM 같은 고비용 제조사가 PC 사업을 사업 수완이 좋은 레노보^{Lenovo}에 매각했기 때문이다. 또한 델은 PC 시장의 변화로 인해 타격을 받았다. 최근의 PC 시장의 성장은 상당 부분 노트북 컴퓨터와 일반 시장 소비자들의 확대에 기인한 것이다. 원래 값싼 데스크톱 PC를 기업과 자신이 원하는 것을 정확히 알고 있는 고급 소비자들에게 판매하는 일에 능숙했던 델은 노트북에서는 거의 원가 우위를 가지지 못했을 뿐 아니라, 일반 소비자들 또한 소매점에서 친절한 영업 사원을 통하지 않고 컴퓨터를 사는 것을 두려워했던 것이다.

마지막으로 소형 제철회사들은 개발도상국의 여러 지역에서 매우 원가가 낮은 제철소를 운영하고 있는 아르셀로 미탈ArcelorMittal과 같은 글로벌 기업들과 심각한 경쟁에 직면하고 있다. 아르셀로 미탈의 제철소가 있는 카자흐스탄의 인건비는 매우 낮다. 무역 장벽이 낮아지고 엄청난 규모를 갖춘 새로운 경쟁자들이 나타나면서 소형 제철소들의 원가 우위가 그만큼 축소된 것이다.

위 세 사례의 결론은 프로세스에 기반한 원가 우위는 기존 회사들이 즉시 모방할 가능성이 낮고, 신규업체들이 그 공정을 모방할 수 없거나 모방하면 업계의 경제학을 파괴시킬 가능성이 있을 경우 일시적인 해자를 만들 수 있다는 것이다. 그러나 델과 사우스웨스트 두 사례의 성공은 부분적으로 잠재적 경쟁자들이 행동을 취하지 않은 데서(혹은 게이트웨이의 경우처럼 좋지 않은 전략에서) 근거한다. 경쟁자의 실수나 나태함 위에 세워진 해자는 강력한 해자가 아니다. 따라서 프로세스에 기반한 해자는 세밀하게 들여다볼 가치는 있지만, 경쟁자들이 저비용 프로세스를 모방하거나 스스로 만들어낼 경우 원가 우위가 사라져버린다.

위치, 위치, 위치

두 번째 종류의 원가 우위는 유리한 입지조건에서 나온다. 이러한 종류의 원가 우위는 모방하기가 더 어렵기 때문에 프로세스에 기반한 원가 우위보다 더 오래 지속된다. 이와 같은 원가 우위는 무겁고 값싸며, 생산지에서 가까운 곳에서 소비되는 완제품시장에서 자주 발생한다.

첫째로 3장에서 소개된 단조롭지만 수익성이 높은 사업인 쓰레기 처리회사들과 골재회사들을 다시 한 번 살펴보자. 이와 같은 종류의 사업은 자신의 지역 내에 새로운 폐기물 매립지나 골재 채석장을 원하는 지역사회가 거의 없기 때문에, 규제로 만들어진 해자 외에도 위치에 기반한 원가의 우위도 가지고 있다. 쓰레기 트럭이 매립지까지 더 멀리 이동할수록, 또는 골재를 가득 실은 덤프트럭이 건설현장까지 더 멀리 이동할수록 쓰레기 폐기 비용이나 골재 운반 비용이 더 높아진다. 따라서 매립지와 채석장이 고객과 가까운 위치에 있는 회사들은 거의 항상 원가가 낮으며 따라서 경쟁사들은 그들의 시장을 잠식하기가 어렵다.

골재회사의 채석장 경제학을 살펴보면 이 사실을 분명히 알 수 있다. 돌이나 모래 및 자갈은 채석장에서 1톤당약 7달러의 비용이 들고, 트럭으로 배송현장까지 이동하는 거리 1마일당 0.10~0.15달러의 비용이 추가로 든다. 따라서 5~7마일의 운반 거리가 늘어나면 10%의 원가가 증가하며, 이 비용은 고객에게 청구된다. 실제로 이 비용으로인해 골재회사는 기본적으로 채석장에서 가까운 건설 고객들에게 거의 독점적인 지위를 누리며, 채석장의 대략적인 시장 범위인 반경 50마일 내에서는 매우 경쟁이 적다.

시멘트 공장의 경제 원리도 이와 비슷하다. 시멘트 공장은 일정한 반경 내에서 가격경쟁력을 가진다. 왜 공장이자리하기에는 부적절해 보이는 도심지 주변에 그토록 많은 시멘트 공장이 있는지 생각해본 적이 있는가? 그 이유는 그 공장이 그 지역에 있는 공사현장에 대해 최저가격으로 시멘트를 공급할 수 있고, 수익성이 엄청나게 높으며, 따라서 그 공장의 사장은 상당히 많은 세금을 납부할 뿐만아니라 그 공장부지에 콘도를 짓고 싶어하는 지역 정치인의 희망을 좌절시킬 수 있는 힘이 있기 때문일 것이다. 채석장과 마찬가지로 시멘트 공장은 흔히 인근 지역에 대해 작은 규모의 독점권을 가진다.

전체는 아니지만 일부 제철회사도 모방하기 어려운 위치에 기반한 낮은 원가를 지니고 있다. 예를 들어 과거에 국유 기업이었던 포스코는 전체 국가 생산량의 약 75%를 차지하면서 한국 제철시장을 지배하고 있다. 포스코는 원료를 수입해야 하므로 원가가 높지만 작은 한반도에 위치하고 있기 때문에 한국 내의 대규모 자동차 및 선박산업으로 공급되는 철강의 운송 비용과 관련하여 원가 우위를 누린다. 또한 포스코는 중국과도 수송 시간이 하루밖에 걸리지 않는 위치에 있기 때문에 원가 비용은 낮지만 운송 비용이 더 높은 브라질이나 러시아 제철소보다 낮은 가격에 중국 고객들에게 철강을 공급할 수 있다. 다만 중국의 제철회사들이 갈수록 품질이 높은 고급 강철을 대량으로 생산하고 있기 때문에, 이 우위는 약간 낮아질 수 있지만 최근까지 강력한 경쟁력을 보여주고 있다.

광산업의 원가 우위

세 번째 종류의 원가 우위는 일반적으로 완제품 생산자들에게 국한되어 있으며, 독점적이고 매우 유리한 자원 자산에 대한 접근성에서 생겨난다. 어떤 회사가 운 좋게 다른 어떤 비슷한 자원 생산자들보다 채취 비용이 낮은 자원 매장지를 소유하고 있다면 그 회사는 경쟁우위를 가질 수 있다.

예를 들어 울트라 석유회사Ultra Petroleum Corporation는 와이오밍 주에 유리한 자산을 보유하고 있기 때문에 천연가스를 믿을 수 없을 정도로 낮은 가격에 생산하고 판매할 수 있는 중간 규모의 에너지 회사이다. 이 회사는 자원 매장량이 널리 알려지기 전에 매우 낮은 가격에 토지를 확보했으며, 그 결과 평균적인 북미의 천연가스 생산업체보다 약 2배 더 높은 수익을 누린다. 또한 울트라의 유정들은 대부분 천공穿孔 비용으로 약 700만 달러가 들지만 북미 다른 지역의 비슷한 유전을 보유한 다른 회사는 천공 비용이 1,700만 달러에서 2,500만 달러나 든다. 이는 엄청나게 큰 원가 우위이며 울트라는 모닝스타에서 다루고 있는 에너지 회사들 중에서도 가장 높은 자본이익률을 올리고 있다.

이와 같은 종류의 경쟁력을 지닌 또 다른 회사는 모닝스타에서 몇 년 동안 다루었던 암염산업 분야의 컴퍼스 미네랄Compass Minerals이라는 특이한 소기업이다. 이 회사에서는 프렌치프라이 양념용이 아닌 고속도로 제빙용 소금을 생산한다. 컴퍼스는 온타리오 주에 있는 가더리치라는 광산을 소유하고 있다. 이 광산은 독특한 지질 특성 덕분에 암염 생산원가가 세계에서 가장 낮다. 현재 채굴하는 암맥의 두께도 30미터에 달한다. 실로 엄청난 크기이다.

또한 컴퍼스는 휴론 호수 아래에 있는 가더리치 광산의 위치로 인해 덕을 보고 있다. 강과 운하에서 가깝기 때문에 소금을 미국 중서부로 운송하는 비용이 낮은 것이다. 게다가 소금이 매우 싸기 때문에 낮은 운송 비용은 컴퍼스의 경쟁력을 더욱 높여준다. 그리고 꾸준한 수요 발생원이 근처에 있다는 것(미국 중서부는 평균적으로 겨울 날씨가 매우 혹독하다)도 도움이 된다.

좀 더 면밀히 살펴본다면 이와 같은 종류의 경쟁력이 땅에서 자원을 파내는 회사에만 국한되지 않는다는 사실을 알게 될 것이다. 브라질의 아라크루즈 셀룰로스^{Aracruz} ^{Celulose}는 세계 최대의 종이 펄프 생산회사일 뿐만 아니라 생산원가도 가장 낮다.

그 이유는 무엇일까? 답은 간단한다. 펄프 생산 원료인 유칼립투스 나무가 세계 어느 지역에서보다 브라질에서 더 빨리 자라기 때문이다. 묘목이 완전히 자라는 데 걸리는 시간이 브라질에서는 7년인 반면, 이웃 나라인 칠레에서는 10년이 걸리고 북미와 같은 기후 조건에서는 20년 이상 걸린다. 이렇게 아라크루즈의 자원 기반이 7년마다 스스로 재생되는 반면 경쟁사는 나무를 키우는 데 50~200%의 시간이 더 걸린다면, 아라크루즈는 다른 어떤 경쟁사보다 더 적은 투자금으로 더 많은 펄프를 생산할 수 있을 것이다.

싼 가격이 지속될 수 있는가?

원가 우위는 매우 강력한 경쟁력의 원천이지만, 세 가

지 경우 중에서도 다른 경우에 비해 더 오래 지속되는 원가 우위가 있다. 프로세스에 기반한 경쟁우위는 일반적으로 주위의 견제를 견뎌낼 수 있다. 일정 기간 동안 견제가 지속된다고 하더라도 그 공정을 흉내 내는 경쟁사의 능력에는 일시적인 제약이 있는 경우가 많기 때문이다. 그러나 일단 그 제약이 사라지면 해자는 매우 빠르게 훨씬 더 좁아질 수 있다. 위치에 기반한 원가 우위와 고유한 자산의 소유에 근거한 낮은 원가는 훨씬 더 오래 지속되고 분석하기가 더 쉽다. 위치 기반 우위를 지닌 회사들은 흔히 작은 독점을 누리며, 세계 최고의 천연자원 매장량은 당연히 흉내 내기가 어렵다.

원가 우위의 비결은 물론 규모이며, 규모의 우위는 매우 오래 지속되는 경제적 해자를 만들 수 있다. 더 큰 것이 더 좋을 때는 언제인가? 그것은 다음 장의 주제이다.

1. 원가 우위는 가격이 고객의 구매 결정에서 중요한 부분을 차지하는 산업에서 가장 중요하다. 어떤 제품이나 서비스가 쉽게 이용할 수 있는 대용품이 있는지 여부에 대해 생각해보면 원가 우위가 해자를 만들 수 있는 산업을 찾을 수 있을 것이다.

2. 값싼 공장, 더 나은 위치 및 고유한 자원은 모두 원가 우위를 만들어낼 수 있지만 공정 기반 우위는 주의 깊게 살펴봐야 한다. 한 회사가 새로운 공정을 창안하더라도 다른 회사는 그 공정을 모방할 수 있기 때문이다.

chapter 7

작은 연못의 큰 물고기

작은 회사라도 규모의 우위를 가질 수 있다

규모에서 유래하는 원가 우위에 대해서 생각할 때는 회사의 절대적인 크기보다 경쟁사와 비교한 상대적인 크기가 훨씬 더 중요하다는 것을 반드시 기억하라. 예를 들어 보잉과 에어버스같이 2개의 회사가 하나의 산업을 지배하고 있다면, 서로에 대해 규모에 기반한 원가 우위는 거의 의미가 없을 가능성이 높다. 그러나 본 장의 뒷부분에서 더 자세히 살펴보겠지만 절대적인 기준으로 규모가 상당히 작은 회사라도 경쟁사보다 규모의 우위가 훨씬 크면 상당히 견실한 해자를 가지고 있을 수도 있다.

규모의 우위를 이해하려면 고정비용과 변동비용 간의 차이를 아는 것이 중요하다. 동네 식품점을 예로 들면 고정비용은 임대료, 전기료, 기본적인 직원에 대한 급여이다. 변동비용은 그 식품점의 선반을 채우기 위해 필요한 상품의 도매가격, 그리고 연휴나 명절 같은 때에 추가로 들어가는 보상비용 정도일 것이다. 식품점과 달리 부동산 사무실은 거의 대부분이 변동비용으로 구성된다. 부동산 소개업자는 사무실, 전화, 자동차, 판매 주택의 정보 데이터베이스에 접속하는 컴퓨터를 제외하고는 고정비용이 많이 들지 않으며, 중개수수료는 부동산 매출에 따라 달라진다. 즉, 판매가 없으면 수수료도 없다.

아주 대략적으로 말해서, 변동비용에 비해 고정비용이 높을수록 규모의 이점이 더 커지기 때문에 그 산업은 더 견고한 경향이 있다. 전국적인 택배회사, 자동차 제조업체 또는 마이크로칩 제조업체의 수가 적은 것은 놀라운 일이 아니다. 반면에 소규모 부동산 소개업자나 컨설팅 회사, 법률 사무소, 회계 사무소의 수는 수천 개가 넘는다. 1,000

명의 법률가를 고용하고 있는 법률회사는 10명의 법률가를 고용한 회사보다 원가 우위를 갖고 있지 않다. 제공할 수 있는 서비스의 범위가 더 크고 그로 인해서 추가적인 매출이 더 일어나겠지만 규모가 작은 경쟁사보다 의미 있는 원가 우위를 지니고 있지는 않은 것이다.

규모에 기반한 원가 우위는 유통, 제조 및 틈새시장의 세 가지 범주로 구분해볼 수 있다. 경제학 원론에서는 제조의 규모가 모든 관심을 독차지하고 있지만, 경험으로 보아 대규모 유통망이나 틈새시장 지배로부터 발생하는 원가 우위도 그에 못지않게 강력할 뿐만 아니라 갈수록 서비스 중심 경제가 되어가고 있기 때문에 더 흔하게 볼 수 있게 될 것이다.

밴의 가치

대규모 유통망은 엄청난 경쟁력의 원천이 될 수 있다. A지점에서 B지점으로 물건을 운반하는 일의 경제원리에 대해 생각해보면 그 이유가 뭔지 쉽게 이해할 수 있을 것이다. 배송 트럭들을 운영하는 데 따르는 고정비용과 변동비용에 대해서 살펴보자. 트럭 자체는 구매했든 임대했든 상관없이 고정비용이며 운전사들의 월급과 트럭들이 물건을 수송할 때 소비하는 휘발유 값도 역시 고정비용이다. 유일한 변동비용은 일이 많은 시기에 발생하는 초과근무수당과 변동 연료 비용이다. 고정 연료 비용은 트럭이 정상적인 경로를 운행할 때 발생하는 비용이고, 변동 연료 비용은 트럭이 정상적인 경로를 벗어난 장소에 가야 할 때 발생하는 비용이라고 생각할 수 있다.

기본적인 수준의 서비스를 위해 배송망을 구축하고 운영하는 것은 매우 비용이 많이 드는 일이지만 배송 건이 증가할 때마다 점진적으로 늘어나는 이익은 엄청나다. 생각해보라. 일단 고정비용을 확보한 이후에 추가 품목을 배송하는 것은 엄청나게 수익성이 높다. 추가 목적지에 정지하는 데 따르는 변동비용은 거의 없기 때문이다. 이제 당신이 직접 이미 확립된 유통망을 가진 회사와 경쟁해야 한다고 상상해보라. 경쟁사의 고정비용은 이미 확보되어 있을 것이고 배송 물량이 증가함에 따라 이익도 크게 증가하고 있을 것이다. 반면 당신은 수익을 얻기에 충분한 규모를 확보할 때까지는 한시적으로 커다란 손실을 감수해야만 한다.

실제로 UPSUnited Parcel Service가 경쟁사인 페덱스FedEx보다 자본이익률이 훨씬 더 높은 주요 이유는 UPS가 영업이익의 상당 부분을 1박 2일 특송 서비스보다는 택배 서비스에서 얻고 있기 때문이다. 조밀한 지상 배송망은 1박 2일 특송 서비스보다 자본이익률이 훨씬 더 우수하다. 배송용 밴 차량은 저렴한 택배 물품을 절반만 채우더라도 비용을 확보할 가능성이 높은 반면, 고가의 소포들로 절반 정도 채워진 화물 항공기는 그렇지 못할 가능성이 높다.

배송망을 가지고 있는 많은 기업들은 이와 같은 종류의 경제적 해자를 활용할 수 있다. 미국 해산물 요리 체인인 레드 로브스터Red Lobster를 운영하는 다든 레스토랑Darden Restaurants을 생각해보자. 흥미로운 사업은 아닌 것 같지만 신선한 해산물을 미국 전역에 퍼져 있는 650개의 레스토랑으로 배송하는 것은 결코 간단한 일이 아니다. 그러나 대규모 유통망을 보유하고 있는 다든은 경쟁사보다 훨씬 효율적으로 낮은 원가에 재료를 배송할 수 있다. 가장 가까운 경쟁사보다도 훨씬 더 많은 수의 레스토랑을 보유하고 있는 다든은 대규모 유통망의 이익을 분명히 보고 있는 셈이다.

이제 레스토랑에서 의료 폐기물산업으로 화제를 옮겨보자. 미국에서 의료 폐기물을 회수하고 처리하는 최대 기업인 스테리사이클Stericycle이라는 회사는 엄청난 유통 경쟁력을 지니고 있다. 독보적인 유통망 밀집도를 지니고 있는 스테리사이클은 2위 경쟁사보다도 매출 규모가 15배나 더 크다. 경로당 목적지 수가 더 많기 때문에 경로당 수익이 더 높고 자본이익률도 더 높으며 경제적 해자도 더 넓다. 이는 크고 조밀한 유통망의 스테리사이클이 경쟁사보다 가격을 낮추더라도 여전히 높은 이익을 올릴 잠재력을 지니고 있다는 것을 의미한다.

대규모 유통망은 모방하기가 매우 어렵고 매우 넓은 경

제적 해자의 원천인 경우가 많다. 미국 최대의 외식 유통 회사인 시스코^Sysco, 미국 최대의 산업재 공급업체인 패스널^Fastenal, 코카콜라, 펩시, 디아지오^Diageo 등과 같은 음료 기업들에서도 이것을 쉽게 찾아볼 수 있다.

규모가 큰 것이 좋을 수도 있다

원가 우위는 제조 규모에서도 발생할 수 있다. 전형적인 사례는 어셈블리 라인을 보유한 공장이다. 공장의 생산 능력 활용도가 100%에 가까울수록 수익성은 더 높아진다. 또한 공장이 더 클수록 임대료와 전기, 수도료와 같은 고정비용을 더 많은 생산량으로 분산시킬 수 있다. 뿐만 아니라 공장이 크면 개별 작업을 전문화하거나 생산을 기계화하기도 더 쉽다. 이론異論의 여지는 있지만 중국과 동유럽의 엄청난 저가 노동력이 세계 경제시장에 흘러들어오고 일부 제조업체들이 유럽과 북미에서 다른 지역으로 이전하면서 이와 같은 종류의 원가 우위는 최근에 약간 줄어들었다.

아마도 가장 좋은 예는 여러 영업 부문에서 규모의 경제를 달성함으로써 다른 어떤 경쟁사보다 운영비가 낮은 거대 종합 석유기업인 엑슨 모빌일 것이다. 이 회사의 규모의 우위는 석유와 천연가스를 탐사하고 채굴하는 부분에서는 분명하게 드러나지 않지만 정유 및 화학물질 영업 부문에서는 자본이익률이 발레로Valero나 바스프BASF와 같은 경쟁사보다 훨씬 높기 때문에 매우 분명하게 드러난다.

제조 규모는 경쟁사보다 더 큰 생산시설을 보유하는 것만을 의미하지는 않는다. 규모를 단순히 고정비용을 더 넓은 판매 기반으로 분산시키는 것으로 생각하면, 비제조업체들도 역시 규모의 경제에서 이익을 얻을 수 있다.

예를 들어 비디오 게임 대기업인 일렉트로닉 아츠Electronic Arts는 규모가 작은 회사들보다 멋진 비디오 게임을 더 쉽게 만들 수 있다. 비디오 게임을 시장에 출시하는 데 드는 2,500만 달러가량의 비용은 본질적으로 고정비용이며, 일렉트로닉 아츠는 엄청난 비디오 게임 개발 비용을 더 큰 전체 판매 기반으로 분산시킬 수 있기 때문이다.

유럽에서는 영국 최대의 유료 TV 서비스 제공업체인 비스카이비BskyB라는 회사에도 비슷한 역학이 작용하는 것을 알 수 있다. 이 회사는 경쟁사보다 콘텐츠 가격을 훨씬 높게 지불할 여유가 있다. 가장 가까운 경쟁사인 버진 미디어Virgin Media보다 가입자 수가 약 3배나 더 많기 때문에 비용을 더 많은 가입자들에게 분산시킬 수 있는 것이다. 따라서 비스카이비는 더 많은 프리미어 리그 축구 경기, 개봉 영화, 인기 미국 TV 쇼를 구매할 수 있으며, 이는 더 많은 가입자를 끌어들이고 이는 다시 비스카이비의 보유 콘텐츠를 강화시킬 수 있는 재정적 능력을 부여한다. 앱슨Absent이라는 새로운 시장 진입자가 가입자를 가로채기 위해 비스카이비보다 더 높은 가격에 콘텐츠를 입찰하면서 많은 재정적 손실을 기꺼이 감당하고 있지만, 여전히 비스카이비의 경제적 해자는 상당히 넓은 것처럼 보인다.

규모는 언제사 상대적이다

마지막 유형의 규모의 우위는 틈새시장을 지배하는 기

업에서 발생한다. 절대적인 의미에서는 회사 규모가 크지 않더라도 특정 세분시장에서 경쟁사보다 더 크다면 엄청난 이익을 얻을 수 있다. 사실상 단 하나의 회사만 수익을 낼 수 있는 시장에서 기업들은 거의 독점적인 지위를 구축할 수 있다. 새로운 진입자들이 그 시장 진입에 필요한 자본을 소비한다는 것은 경제적으로 의미가 없기 때문이다.

예를 들어 워싱턴 포스트Washington Post는 하나의 케이블 서비스 운영업체만 지원할 수 있는 아이다호 주 보이시 같은 작은 도시들에 다수의 케이블 TV 시스템을 소유하고 있다. 총수익이 한 회사의 수익 규모 정도밖에 되지 않기 때문에 경쟁사들은 굳이 자본을 들여서 경쟁 시스템을 구축하려고 들지 않는다. 경쟁사가 실제로 두 번째 케이블 시스템을 구축했다면 그 회사나 기존의 회사도 충분한 수익을 낼 만큼 충분한 고객을 확보하지 못할 것이다. 위성 TV가 시장에 진입하면서 이들 소도시 케이블 운영의 경제적 매력은 약간 줄어들었지만, 이 시장은 여전히 틈새시장 해자의 좋은 사례이다.

틈새시장 해자를 지닌 기업들은 아주 평범한 제품으로도 상당한 자본이익률을 얻을 수 있다. 예를 들어 당신은 지금껏 산업용 펌프에 대해서는 한 번도 관심을 가져본 적이 없었을 것이다. 하지만 고품질 페인트 분무기와 음식물 처리용 펌프 제조 사업은 상당히 많은 돈을 벌어들일 수 있다. 미니애폴리스에 있는 그레이코Graco, Inc.라는 훌륭한 소기업은 이 두 제품을 제조해서 40%의 자본이익률을 달성하고 있다. 어떻게 이런 일이 가능할까?

첫째, 고급 산업용 펌프의 전체 시장 규모는 그다지 크지 않아 자금력이 있는 대기업들에게는 매력이 없다. 둘째, 그레이코는 매출액의 3~4%라는 상당히 많은 금액을 연구개발에 투자하기 때문에 고객의 새로운 요구를 계속 충족시키고 있다. 셋째, 그레이코의 제품은 최종소비자의 눈에 잘 띄는 결과를 제공하지만 그 비용은 전체 제품 생산 비용의 일부분에 불과하다. 가구의 착색과 래커칠이나 신차의 페인트칠을 생각해보라. 이 마무리 작업은 그 제품의 전체 비용에 비해 그리 비싸진 않지만 고객이 제일 처음 보게 되는 것이다. 따라서 그레이코는 가구 제조업체나 자동차 제조업체로부터 높은 가격을 받아낼 수 있었다. 추가로 드는 비용은 테이블이나 스포츠카의 가격에 큰 영향을 미치지 않지만, 분명히 그레이코의 이윤은 높아진다.

이와 같은 종류의 경쟁우위는 소규모 제조업체에서 흔히 볼 수 있지만 산업계에만 국한된 것은 아니다. 예를 들어 블랙보드Blackboard라는 작은 소프트웨어 기업이 있다. 이 회사는 교직원과 학생들을 연결해주는 일종의 대학교육 응용 소프트웨어 프로그램으로 학습관리 시스템 시장의 3분의 2를 차지하고 있다. 블랙보드의 소프트웨어는 교직원이 과제를 게시하고, 학생들이 공동 프로젝트를 위해 협력하도록 도와주며, 교직원과 학생들이 서로 통신할 수 있게 해준다. 산업용 펌프와 마찬가지로 이는 매머드급 시장은 아니기 때문에 마이크로소프트나 어도비와 같은 대기업이 이 시장에 참여할 가능성은 낮다. 또한 매우 전문화된 시장이기 때문에 경쟁사가 성공을 하려면 먼저 고객들이 무엇을 원하는지 파악하기 위해 상당한 인적자원을 활용해야 할 것이다. 하지만 시장 규모가 비교적 작기 때문에 시도하는 회사의 수는 적다.

틈새시장을 지배하는 마지막 사례는 민간 인프라 회사이다. 미국에서는 그렇게 일반적이지 않지만 전 세계 다른 지역에서는 점점 확산되고 있는 산업 분야이다. 가장 좋은 예는 비행장일 것이다. 세계의 비행장 중에는 민간 회사가 많다. 멕시코의 대부분의 공항이 민간 기업에 의해 운영되며 뉴질랜드의 오클랜드 공항, 암스테르담의 스키폴 공항 등도 민간 기업이 운영한다. 법적 승인도 공항들이 누리는 경쟁우위의 일종이기는 하지만 독점의 경제학도 역시 여기에 적용할 수 있다. 시장의 항공 교통량이 하나의 공항만 수익을 낼 수 있는 정도인 경우가 많기 때문에, 경쟁자가 오클랜드나 푸에르토 발라타 근처에 두 번째 공항 개장에 대한 승인을 획득하더라도 그 신공항의 자본이익률은 매력적이지 못할 수도 있다. 이는 새로운 시장 진입자를 차단하므로 많은 공항들이 매우 넓은 경제적 해자를 갖고 있다.

The Bottom Line

1. 작은 연못에서 큰 물고기가 되는 것이 큰 연못에서 작은 물고기가 되는 것보다 낫다. 물고기의 절대적인 크기가 아니라 물고기와 연못 크기의 비율에 초점을 맞춰라.

2. 다른 누구보다도 물고기를 더 값싸게 배송하는 것은 수익성이 상당히 높다. 다른 물품을 배송하는 경우도 마찬가지이다.

3. 규모의 경제는 물고기의 외양과는 상관없지만 지속적인 경쟁 우위를 창출할 수 있다.

chapter 8

침식되는 해자

경쟁력을 잃고 일어나지 못하는 기업들

지금까지 우리는 강한 경쟁력의 지표들과 경제적 해자를 지닌 기업들의 구조적 특성에 대해서 이야기했다. 우리가 할 일이 단지 해자가 있는 기업을 찾아서 적당한 가격이 형성될 때까지 기다렸다가 구매한 다음 주식가치가 계속 불어나는 것을 지켜보는 것뿐이라면, 투자업무는 비교적 단순해질 것이다. 하지만 세계는 멈춰 서 있지 않기 때문에 이 문제는 그렇게 단순하지만은 않다.

세계 최고의 분석도 경쟁 환경의 예상하지 못한 변화로 인해 아무짝에도 쓸모없게 되어버릴 수 있다. 근 10여 년 전만 해도, 뉴욕증권거래소에서 일하는 스페셜리스트(자신의 책임하에 있는 주식의 거래 체결 및 거래정보를 제공하는 사람)가 된다는 것은 돈을 찍어내는 라이선스를 보유했음을 의미했다. 그러나 현재는 그저 사양산업 시장에서 독점권을 가지고 있는 정도에 불과하다. 30년 전, 폴라로이드는 사람들의 사진 촬영 방식을 혁신시켰지만, 디지털 카메라가 필름 카메라의 관에 마지막 못을 치기 오래전부터 이 회사는 천천히 죽어가고 있었다. 장거리 전화와 신문은 한때 높은 수익을 올리는 견실한 사업이었지만, 이제는 돈을 벌기 위해 발버둥 쳐야 한다. 이와 비슷한 사례들은 수도 없이 많다.

이런 사업들은 과거 한때 강력한 경쟁력을 보유하고 있었지만 세계는 그들에게 불리한 쪽으로 변화했다. 변화는 기회일 수도 있지만 한편으로는 한때 넓었던 경제적 해자를 상당히 침식시킬 수도 있다. 이 때문에 자신이 투자한 기업들의 경쟁력을 계속해서 감시하고 해자가 침식되고 있는 징후를 찾는 일이 중요한 것이다.

경쟁력 약화를 조기에 발견할 수 있다면 성공한 투자에서 자신의 이익을 보존하고, 실패한 투자에서는 손실을 줄일 확률을 크게 높일 수 있다.

공격당하는 해자

이 위험에는 두 가지 측면이 있다. 첫째는 기술(소프트웨어, 반도체, 네트워크 장비 등)을 판매하는 회사가 치열한 첨단기술 경쟁에서 뒤처질 위험이다. 물론 기술 제품을 파는 대부분의 회사들은 초기 단계에서부터 지속적인 경쟁력을 구축하고자 분투한다.

또한 이들에게 해자가 존재한 적이 없다면 해자가 파괴될 일도 없을 것이다. 기술적으로 경쟁사에 밀려나는 것은 대부분의 기술업체들이 겪는 하나의 현실일 뿐이다. 일반적으로 그들은 경쟁사 제품보다 더 우수하거나 더 빠르거나 더 값싼 제품으로 사업을 따오는 것이기 때문이다. 따라서 그들은 더 나은 제품이 시장에 나타날 경우 경쟁력이 몇 달 안에 사라질 위험을 계속 안고 있다. 경쟁력에 대해 연구하는 어느 대학 교수는 이에 대해 "결국 모든 제품은 토스터처럼 평범해지는 운명을 걷는다"라고 간결하게 표현했다.

간혹 다른 제품보다 훨씬 우수해서 성공이 성공을 부르고 회사가 사실상 해당 업계의 표준이 되는 경우도 있다. 한 가지 좋은 예는 유비쿼터스 블랙베리 모바일 이메일 서비스 제공업체인 리서치 인 모션Research In Motion일 것이다. 그러나 표준이 되는 제품을 만들 능력이 없는 기술업체들의 훨씬 더 일반적인 운명은 아예 잊혀버리거나(팜Palm이라는 회사를 혹시 기억하는가?) 혹은 몇 년 동안 어렵게 생존하다가 더 큰 회사에 인수당해서 주주들을 고통 속에서 구원하는 것이다.

파괴적 기술은 특히 비기술기업들에게 더욱 갑작스럽고 심각한 위협이다. 이들 회사는 기술 변화로 인해 자신들의 경제적 능력이 영구적으로 손상되기 전까지는 강력한 경쟁우위를 갖고 있는 것처럼 보일 수 있기 때문이다. 처음부터 존재하지 않았던 경쟁력이 사라지는 것과 한때는 영구적인 현금인출기처럼 보이던 사업이 졸지에 시대에 뒤처지는 것은 차원이 다르다.

파괴적 기술의 사례는 매우 많다. 미국 사진 필름시장을 지배하여 수십 년 동안 돈을 찍어냈지만 지금은 디지털세계에서 생존하기 위해 발버둥치고 있는 코닥을 생각해보라. 2000년에서 2007년까지 코닥의 영업이익 누계는 그 전 5년간 영업이익 누계의 85%에 불과한 약 8억 달러였다. 코닥이 디지털카메라시장에서 결국 성공할 수 있을지는 아직 알 수 없지만, 제품 주기가 짧은 소비자 전자제품의 경제학은 코닥이 과거에 높은 수익을 올렸던 셀룰로이드, 종이, 화학물질 판매사업보다 더 어려워 보인다.

신문은 과거에 세계에서 가장 유망한 사업 중 하나였다. 지역 뉴스와 광고란은 엄청난 현금 수입원이었다. 그러나 지금은 그렇지 않다. 인터넷이 신문의 일간 뉴스 유통사업에 회복할 수 없는 피해를 주었기 때문이다. 신문이 곧 사라져버리지는 않겠지만 다시는 과거와 같은 높은 수익을 누리지 못할 것이다.

인터넷은 한때 대단한 수익을 올렸던 장거리 전화사업에도 영구적인 손상을 입혔다. 수십 년 동안 전화회사들은 멀리 떨어진 사람들과 기업들을 서로 연결해주는 문지기 역할을 하면서 많은 돈을 벌었다. 이제 인터넷 프로토콜 네트워크를 통해 전화를 연결시킬 수 있게 되면서 기존 전화회사들은 과거보다 구조적으로 악화된 경제 상황을 맞고 있다. 컴퓨터와 무료 소프트웨어만 있으면 누구든지 분당 몇십 원으로 통화를 할 수 있게 되었기 때문에, 장거리 전화회사에 과거와 같은 믿을 만한 현금수입원은 이제 영원히 사라졌다. 또한 음반회사 임원에게 물어보면 인터넷이 음반사업에 어떤 영향을 미쳤는지 알 수 있을 것이다.

투자자들이 반드시 알아두어야 할 마지막 사례는 지난 몇십 년 동안 증권거래소, 특히 거래소 트레이더와 주식 전문가들이 경험한 것이다. 1970년대 후반에 나스닥이 유력한 경쟁자로 떠오르고, 완전 전자거래가 거래장 거래보다 더 값싼 대안이라는 사실이 입증되면서 판도라의 상자가 열렸다. 나스닥의 거래량이 증가했고, 통신 및 전산 비용이 갈수록 낮아지면서 아키펠라고Archipelago와 같은 장외 거래 네트워크가 생겨났다. 거래소 트레이더와 주식 전문가들을 우회하는 거래량이 갈수록 증가하면서 그들의 자리는 점점 불안해졌고 매도 매수 호가의 차이가 점차 좁혀지면서 이윤 폭도 줄어들었다.

하나의 산업 전체의 경제를 구조적으로 파괴하는 파괴적 기술은 비교적 드물게 나타나지만, 그렇다고 하더라도 그 변화를 적시에 알아채지 못하는 투자자들에게는 고통스러운 경험이다. 한 가지 기억해야 할 사실은 새로운 기술 변화에 의해 힘을 얻은 기업에 투자한 투자자들은 자신이 기술주를 보유하고 있다고 생각하지 않겠지만, 파괴적 기술은 기술을 판매하는 사업보다 그 기술 변화에 의해 힘을 얻은 사업의 해자를 더욱 크게 손상시킬 수 있다는 것이다.

산업계의 지각변동

기술의 변화가 한때 강력했던 해자를 침식시킬 수 있는

것처럼, 산업구조의 변화도 기업의 경쟁력에 영구적인 손상을 입힐 수 있다. 주의해서 살펴볼 공통적인 변화는 한때 분화되었던 고객 그룹들이 통합되는 것이다.

미국에서 타깃Target, 월마트 등과 같은 대형 할인점의 부상은 소비자제품기업들의 경제성을 영구적으로 악화시켰다. 클로록스Clorox나 뉴웰 러버메이드Newell Rubbermaid와 같은 기업들의 가격결정력이 약화된 데는 여러 요인이 있지만, 그중 가장 큰 요인은 고객들이 결속되어 만든 고객 단체의 구매 파워가 증가한 데 있다. 또한 뉴웰의 경우에는 자체 브랜드private-lavel로 만들어지는 사무용 가구로 밀고 들어오는 오피스 맥스Office Max와 스테이플스Staples에 의해 회사 브랜드가 지속적으로 손상을 입어왔다.

또 다른 소매 분야에서는 소규모 철물점들이 소멸되고 로우스Lowe's와 홈 디포의 양사 독점 체제로 바뀌면서 많은 철물 공급업체들은 수익성에 손상을 입었다. 스탠리 워크스Stanley Works나 블랙 앤드 데커Black & Decker 같은 유명 브랜드를 가진 기업들도 상품의 상당 비율을 로우스 및 홈 디포를 통해 판매하게 되면서 가격결정력을 상실했다. 로우스와 홈 디포는 개개의 독립적인 철물점들보다 협상 능력이 훨씬 크기 때문이다.

산업계의 변화는 당연히 일정 지역에만 국한되지 않는다. 동유럽과 중국 등의 저임금 노동력이 전 세계 노동시장으로 들어오면서 많은 제조업체의 경제성이 영구적으로 손상되었다. 경우에 따라서는 노동력의 차이는 매우 커서 한때 위치 기반 해자로 이익을 봤던 기업들의 경쟁력이 사라져버렸다. 저임금 노동력으로 얻는 원가절감액이 높은 운송비를 상쇄할 만큼 크기 때문이다. 미국의 목재 가구산업은 직접 이와 같은 경험을 했다.

마지막으로 주의해서 봐야 할 한 가지 변화는 비합리적인 경쟁자의 진입이다. 정부에 의해 전략적으로 지원받는 회사들은 정치적 혹은 사회적인 목적을 지지하는 방식으로 움직이게 된다. 그들의 수익성이 낮아지는 결과가 발생한다고 해도 말이다.

예를 들어 비행기용 제트기 엔진을 제조하는 사업에

서는 오랫동안 제너럴 일렉트릭, 프랫 앤드 휘트니Pratt & Whitney, 그리고 영국의 롤스로이스가 편안한 과점 체제를 누려왔다. 이 업계의 오랜 관행은 엔진을 원가 혹은 원가보다 약간 낮게 판매하는 대신 수익이 높은 서비스 계약을 통해 돈을 버는 것이었다. 제트기 엔진은 수십 년 동안 사용되기 때문에 장기간에 걸친 서비스료 수입은 상당히 많다.

그러나 1980년대 중반, 재무적인 어려움을 겪게 된 롤스로이스는 회사를 유지하는 데 영국정부의 지원이 필요해졌다. 영국에서 가장 유명한 기업 중 하나인 롤스로이스의 일자리를 보존하고 수주를 따기 위해서 회사 경영진들은 엔진과 정비 계약 가격을 인하하기 시작했다. 불행하게도 이 관행은 롤스로이스가 수익성을 회복한 이후에도 오랫동안 계속되었고 롤스로이스의 가격에 맞출 수밖에 없었던 프랫과 GE의 이익률은 한동안 매우 낮았다. 제트기 엔진은 훌륭한 경제적 해자를 지닌 좋은 사업으로 남았고, GE의 이익률은 회복되었지만 롤스로이스의 행위는 3개 업체 모두에게 상처를 입혔다.

해자를 침식시키는 성장

어떤 종류의 성장은 해자를 침식시킬 수 있다. 실제로 경쟁력을 스스로 약화시키는 가장 흔한 경우는 기업이 해자가 없는 영역에서 성장을 추구하는 것이다. 대부분의 기업 경영자들은 큰 것은 항상 좋다고 생각한다(공정하게 말해서 대기업 경영진은 중소기업 경영진보다 급여가 더 많기 때문에 완전히 비논리적인 말은 아니다). 그래서 그들은 수익성이 낮은 사업으로 확장하는 것이다.

이와 같은 사례 중 내가 가장 자주 드는 것은 마이크로소프트이다. 물론 이 회사는 여전히 아주 넓은 해자를 가지고 있다. 하지만 지난 10년 동안 이 회사가 사업 영역을 핵심 운영체제 및 사무용 소프트웨어 바깥으로 확장하려고 여러 번 시도하면서 이 회사의 주주들은 손해를 입은 것이나 다름없다.

마이크로소프트가 돈을 퍼부었던 수지맞지 않는 사업들은 준^{Zune}, 마이크로소프트의 MP3 브랜드, MSN포털 사이트, MSNBC 유선방송 등 매우 많다. 마이크로소프트가 액

티메이츠Actimates라고 하는 아동용 장난감 시리즈를 출시하려고 한 적이 있었다는 사실을 알고 있는가? 또는 이 회사가 1990년대 유럽 케이블 회사들에 투자해 30억 달러 이상을 날려버렸다는 사실을 아는가?

마이크로소프트가 이들 사업에 뛰어들지 않았다면 직원수나 매출액 면에서 규모가 지금보다는 약간 작아졌을지 모르지만, 경쟁력이 없는 산업에 헛된 돈을 쓰지 않아 이회사의 경이적인 자본이익률은 더 높아졌을 것이다. 소프트웨어 회사가 케이블뉴스 채널 사업을 시작하는 것이 도대체 무슨 이익이 있는가?

해자가 넓은 여러 기업들처럼 마이크로소프트는 핵심제품인 윈도우즈와 오피스에 재투자하는 데 필요한 것보다 더 많은 돈을 벌었다. 그리고 마이크로소프트는 그 현금을 경쟁력이 약한 사업을 창출하고 확장하는 데 사용하기로 선택했다. 마이크로소프트는 터무니없이 많은 수익을내고 있었기 때문에 이와 같은 현금 남용이 전체적인 자본이익률을 크게 낮은 수준으로 끌어내리진 않았지만, 모든 회사가 이와 같은 행운을 누린 것은 아니다. 수익성이 떨어지는 기업들의 경우 해자가 없는 투자는 자본이익률을 깎아내려서 전체 회사의 투자 매력을 떨어뜨리게 된다.

당신은 마이크로소프트가 윈도우즈를 확장하고 개선하는 데 필요하지 않은 잉여현금으로 무엇을 했어야 했느냐고 물어볼지도 모르겠다. 우선 이 회사는 데이터베이스 소프트웨어와 서버용 운영체제와 같은 보완 분야로 확장하는 데 일부 현금을 사용했고 이 시도는 성공했다. 나머지 현금은 다시 주주들에게 배당금으로 나누어주었어야 했다. 배당금은 자본금을 효율적으로 배분하는 도구이지만 잘 활용되지 않고 있다. 기업은 경쟁력이 없는 영역에 많은 투자를 함으로써 자신의 해자를 해칠 수도 있다.

아니오, 나는 지불하지 않겠습니다

이는 해자가 침식되는 원인이라기보다는 징후에 가깝지만 어쨌든 중요하다. 정기적으로 가격을 올려왔던 기업이 고객들의 압력을 받기 시작하면, 그것은 이 기업의 경쟁력이 약화되었다는 강력한 신호이다.

　모닝스타 분석팀에서 겪었던 최근의 사례를 들어보겠다. 2006년 말에 당사 분석가 중 한 사람이 데이터베이스 소프트웨어를 판매하는 오라클이 소프트웨어 유지보수 계약 가격을 올리는 일이 과거보다 힘들어졌다는 사실을 발견했다. 역사적으로 유지보수 계약은 대규모 소프트웨어를 대기업에 판매하는 기업들에게 가장 돈이 많이 남는 장사로 알려져 있다. 일반적으로 대기업 고객들은 소프트웨어를 판매한 회사에서 유지보수를 해주길 원한다. 그 회사가 해당 소프트웨어의 코드를 가장 잘 아는 것은 물론 새로운 버전과 기능에 대해서도 가장 최신 정보를 가지고 있기 때문이다. 그동안 오라클은 일정 시간 후에는 더 이상 이전 버전의 소프트웨어를 지원하지 않는다고 선언함으로써 고객들로 하여금 업그레이드를 하도록 종용하곤 했다. 따라서 오라클은 매년 유지보수 비용을 조금씩 올렸고 고객들은 약간 불만이 있더라도 결국 그 비용을 지불하였다.

그렇다면 지금 오라클이 유지보수 가격에 대한 저항을 받는 이유는 무엇일까?

조사를 해보니 제3자 지원회사들이 나타나서 상당한 규모의 영업을 하고 있다는 사실을 알아냈다. 제3자 기업이 믿을 수 있는 유지보수 서비스를 해줄 수 있다면, 고객들은 반드시 새로운 버전의 소프트웨어로 업그레이드할 필요가 없다. 이것은 앞으로도 계속될 트렌드인 것처럼 보인다. 이러한 회사들의 존재는 수익성이 높은 오라클의 수입원에 압박을 가하고 잠재적으로 이 회사의 해자를 좁힐 수 있는 가능성이 있다.

해자를 잃어버려서 다시 일어설 수 없는 기업

물리학자이자 철학자인 닐스 보어^{Niels Bohr}는 이런 말을 했다. "예측은 매우 어렵다. 특히 미래에 대한 예측은 더욱 어렵다." 그러나 기업 경쟁력의 지속 가능성을 평가할 때 우리는 미래에 대한 예측을 하지 않을 수 없다.

가끔 미래는 우리에게 풀기 어려운 문제를 낸다. 그럴

때마다 우리는 어떤 기업의 해자가 아직도 건재한지, 혹은 예기치 못한 사건들로 인해 그 기업의 경쟁력이 영구적인 손상을 입었는지 재평가해보아야 한다.

The Bottom Line

1. 기술 변화는 경쟁력을 파괴시킬 수 있지만 이는 기술을 판매하는 기업보다 새로운 기술 변화에 의해 힘을 얻은 기업들에게 더 큰 걱정거리이다. 그 영향력을 더욱 예측하기 어렵기 때문이다.

2. 기업의 고객 기반이 집중화될 경우 또는 경쟁사가 돈을 버는 것 이외의 목표를 갖고 있을 경우, 해자가 위험에 처해 있을 가능성이 있다.

3. 성장이 항상 좋은 것은 아니다. 많은 돈을 버는 기업은 잉여 이익을 해자가 없는 의심스러운 사업에 쓰기보다는 자신이 잘하는 일에 집중하고 잉여 자금은 다시 주주들에게 돌려주는 것이 좋다. 마이크로소프트는 그렇게 하고도 큰 피해를 입지 않았지만 대부분의 회사들은 그렇게 하기 어렵다.

chapter 9

해자를 어떻게 찾을 것인가

외부 세계는 정글이다

현명한 투자자가 되면 가장 좋은 일 가운데 하나가 내 마음대로 자유롭게 결정할 수 있다는 것이다. A산업에 투자하든 B산업에 투자하든 내 마음이기 때문에, 전체 투자 시장에 대해 자유롭게 통찰력을 발휘하여 마음에 들지 않으면 무시하고 마음에 들면 구매하면 된다. 경제적 해자를 지닌 기업들의 포트폴리오를 구성할 때 이런 자유는 특히 더 중요하다. 어떤 산업에서는 다른 산업에 비해 해자를 파기가 훨씬 더 쉽기 때문이다.

이것은 매우 중요한 점이기 때문에 다시 한 번 강조할

필요가 있다. 일부 산업들은 경쟁이 엄청나게 치열하지만 경제성은 매우 낮다. 이런 산업에서 경쟁력을 얻으려면 경영계의 노벨상을 받을 만큼 뛰어난 경영 능력이 필요하다. 반면 어떤 산업들은 경쟁이 심하지 않으며, 평균적인 기업들도 상당한 자본이익률을 유지할 수 있다(세상은 공평하지만은 않다). 현명한 투자자라면 높은 장애물을 극복해야만 하는 산업에서 장기적인 성공을 거두고 있는 기업을 찾는 것보다 그리 높지 않은 장애물만 넘으면 성공할 수 있는 산업에서 좋은 기업을 찾을 확률이 높다는 것을 안다.

스펙트럼의 양쪽 끝을 보자면 자동차 부품산업과 자산 관리산업을 생각해볼 수 있다. 공정한 싸움으로는 보이지 않을 것이다. 바로 이것이 내가 하고자 하는 말이다. 모닝스타에서는 13개의 자동차 부품회사를 취급하고 있지만 이 중 2개의 회사만 경제적 해자를 가지고 있다. 나머지 회사들은 좋은 자본이익률을 달성하기 위해 분투하고 있지만 일시적인 성공만을 거두고 있을 뿐이다.

제너럴 모터스와 크라이슬러용 액슬을 생산하는 아메리

칸 액슬American Axle이라는 회사를 살펴보자. 5년 전에 미국인들이 SUV를 앞 다투어 샀을 때, 이 회사는 10%대 초반에서 중반까지의 견실한 자본이익률을 달성했다. 그러나 2003년 이후로 SUV 매출이 줄어들고 원가 구조가 경쟁력을 잃으면서 손실이 불어났고 자본이익률이 한 자릿수로 대폭 감소했다. 많은 다른 자동차 부품 제조업체들에 대해서도 이와 비슷한 이야기를 할 수 있으니, 자동차 부품산업이야말로 살인적인 경쟁을 해야 하지만 경제성은 형편없는 산업이라고 할 수 있다.

이번에는 자산관리산업을 살펴보자. 모닝스타에선 18개의 공공 거래되는 자산관리회사들을 취급한다. 이들은 모두 경제적 해자가 있는 회사들이다. 실제로 12개 회사는 넓은 해자를 가지고 있고 나머지 회사는 좁은 해자를 가지고 있다.• 자산관리시장은 진입장벽은 낮지만(변호사 및 등록비로 10만 달러 이상을 지불할 수 있는 사람이라면 누구든지 뮤추얼펀드를 시작할 수 있다) 성공에 대한 장벽은 매우 높다. 그 이유는 일반적으로 큰 자산을 끌어 모으려면 대규모 유통망이 필요하기 때문이다. 하지만 일단 자산을 모으는 데 성공하기만 하면 모인 자산들은 한곳에 오랫동안 머무는 경향이 있다. 따라서 꽤 많은 규모의 관리 자산을 축적한 자산관리회사는 일반적으로 땀 한 방울 흘리지 않고 높은 자본이익률을 달성할 수 있다.

자산관리업체의 최악의 시나리오를 생각해보자. 어떤 회사가 한 가지 방식의 투자를 전문으로 하는데, 그 방식이 인기가 없어져서 한때 최고를 구가하던 투자자본이익률ROI, Return On Investment이 곤두박질쳤다고 생각해보라. 몇 년 뒤에 그 회사가 장기 펀드 소유자들의 이익을 빼돌려서 대형 고객들에게 펀드 거래를 하도록 제공하다가 법률 소송 사건에 휘말리고 이 사건은 유명해진다. 뛰어난 펀드매니저들이 떠나고 많은 투자자들도 그들을 따라 떠나고 관리 대상 자산이 절반으로 줄어든다.

● 모닝스타에서는 기업들을 경쟁력에 따라 2개 그룹으로 분류한다. 매우 견고한 경쟁력을 지닌 기업은 '넓은 해자'로, 확인할 수 없지만 그다지 견고하지 않은 경쟁력을 가진 기업들을 '좁은 해자'로 분류한다. 11장에서 몇 가지 사례를 통해 이 두 부류의 기업들을 분류하는 방법을 설명하겠다.

이 회사는 끝난 것인가? 그렇지 않다. 이 시나리오는 실제로 2000년대 초에 야누스 캐피털^{Janus}이 실제로 겪었던 일이다. 야누스의 영업이익은 위기의 저점에서 11%로 떨어졌지만 다시 약 25%로 회복되었다. 이것이야말로 해자가 있는 탄력적인 사업 모델이라고 말하지 않을 수 없다.

해자를 찾을 수 있는 분야들

표 9-1은 모닝스타가 취급하는 2,000개가 넘은 주식종목들을 부문별로 나누어서 어느 시장 부문이 가장 많은 해자를 갖고 있는지 볼 수 있도록 하였다.

기술산업에서는 소프트웨어 기업들이 하드웨어 기업보다 더 쉽게 해자를 만드는 경향이 있음을 알 수 있다. 이것은 단순히 인위적으로 만든 회계 수치가 아니라 이 제품들이 속해 있는 두 가지 카테고리의 특성에 기반하는 것이다. 하드웨어 기업들은 일반적으로 소프트웨어 기업들보다 많은 자본이 필요하다. 그리고 하나의 소프트웨어가 제대로 동작하려면 다른 소프트웨어들과 통합되어야 하

[표 9-1] 부문별 해자(단위 : %)

부문	좁은 해자	넓은 해자	모든 해자
소프트웨어	49	9	58
하드웨어	26	5	31
미디어	69	14	83
통신	59	0	59
의료 서비스	31	11	42
소비자 서비스	32	7	39
사업 서비스	36	13	49
소비자상품	52	14	46
산업 재료	31	3	34
에너지	55	6	61
공공사업	80	1	81

는 경우가 많다. 그리고 이와 같은 통합으로 인해 고객 고
착화가 발생하고 전환 비용이 높아진다. 하지만 하드웨어
는 공통적인 산업표준에 기반을 두는 경우가 더 많고, 큰
노력 없이 새 하드웨어로 교환할 수 있다. 물론 중요한 예
외는 있다. 시스코 시스템스와 같은 하드웨어 회사는 제품
안에 소프트웨어를 내장하여 전환 비용을 발생시키고 있
다. 그러나 하드웨어 회사보다 소프트웨어 회사 중에서 더
많은 해자가 발견되는 것이 일반적이다.

지난 몇 년 동안에 있었던 통신산업의 혼란을 생각할 때, 당사에서 취급하는 통신회사 중 거의 3분의 2가 해자를 가지고 있다는 사실은 다소 놀라운 일이 아닐 수 없다. 하지만 모닝스타가 취급하는 통신회사들은 그중 외국기업이 절반을 넘으며, 규제 환경이 이곳 미국보다 더 나은 국가에 위치하고 있는 기업들이 많다. 일반적으로 통신 부문의 해자를 가진 기업들은 유리한 규제 구조를 갖고 있거나, 미국 농촌 지역에 위치한 일부 통신회사와 같이 잠재적인 경쟁자들에게 매력이 없는 틈새 위치를 차지하고 있는 기업들이 대부분이다. 결국 투자자가 경쟁력이 있는 통신회사를 찾고 있다면 외국에서 찾는 것이 좋을 것이다.

일부 미디어 기업들은 최근 사방에서 공격을 받고 있지만 미디어 산업은 여전히 경쟁력 있는 기업을 찾기에 좋은 사냥터이다. 예를 들어 디즈니와 타임워너Time Warner는 엄청나게 많은 고유의 콘텐츠를 소유하고 있다. 이들 콘텐츠는 처음에 제작비가 많이 들기는 하지만, 무한대로 유통할 수 있으며 그에 따르는 비용은 거의 없다. 일반적으로 우리는 유통 채널의 다양성과 통제력이 미디어 기업들의 경쟁력 향상에 도움이 되며, 개별 미디어 자산의 인기가 어쩔 수 없이 사라지더라도 그에 대한 완충 역할을 해준다는 사실을 알게 되었다. 그러나 다른 산업 부문보다 미디어 기업들은 파괴적 기술의 위협을 더 많이 받는다. 인터넷이 확립된 사업 모델을 해체해버리기 때문이다. 디즈니처럼 엄청나게 강력한 브랜드가 있거나 컴캐스트Comcast처럼 광범위한 유통망이 있는 기업들은 해자의 손상 없이 생존할 가능성이 가장 높은 것처럼 보인다.

통신회사들과 마찬가지로 의료기업들도 규제 문제를 겪는다. 노인의료보험 메디케어Medicare의 변제 규칙이 변경되면 소기업들의 경제성은 하룻밤에 바뀔 수도 있다. 하지만 대기업들은 다양한 제품을 가지고 있기 때문에 이러한 위험이 줄어든다. 표 9-1에서 해자를 가진 의료기업들의 비율이 높아 보이지 않는다고 해서 얕보면 안 된다. 의료 서비스 부문은 많은 바이오 기술 소기업 및 단일 제품 기업들로 인해서 데이터가 왜곡되어 보이기 때문이다. 일반적으로 의료 서비스를 제공하는 의료관리기관HMOs과 병원보다는 의약품이나 의료 기기와 같은 의료 제품을 판매하는 기업들 중에서 더 많은 해자를 발견할 수 있다. 보통 의약품 및 의료 기기 대기업들이 견고한 경쟁력을 갖추고 있기는 하지만, 수면 무호흡증 치료제를 개발하는 레스메드ResMed나 혈액 테스트 분야의 젠프로브GenProbe와 같이 틈새 시장을 지배하여 튼튼한 해자를 구축한 소규모 의료기업들도 간과해서는 안 된다.

레스토랑과 소매점 같이 직접 소비자를 대상으로 영업하는 기업들은 흔히 경쟁력을 구축하는 데 어려움을 겪는다. 넓은 해자가 있는 소비자 서비스 기업의 비율은 모든 시장 부문 중에서도 가장 작은 축에 속한다. 여기에서 문제는 전환 비용이 낮다는 것이다. 한 레스토랑이나 카페에서 다른 레스토랑이나 카페로 옮기는 것도 매우 쉽고, 인기 있는 콘셉트는 언제나 다른 곳에서 쉽게 모방할 수 있기 때문이다. 인기 있는 패션 소매점이나 레스토랑 체인은 종종 빠른 성장과 매월 늘어나는 새로운 지점의 개설 등으로 해자에 대한 환상을 주곤 한다. 그러나 조심해야 한다. 새로운 모방 콘셉트가 곧 나타날 것이기 때문이다. 베드 배스 앤드 비욘드Bed Bath & Beyond, 베스트 바이Best Buy, 타깃, 스타벅스와 같은 소비자 서비스 부문에서 실제로 존재하는 해자는 일반적으로 여러 해 동안 여러 가지 작은 일들을 올바르게 해온 결과이다. 이것으로 인해 신뢰할 수 있는 소비자 경험이 구축되어 고객 충성도가 높아지게 되었기 때문에 단골 고객이 늘어난 것이다. 이것은 누구나 할 수는 있지만 결코 쉬운 일이 아니다.

기업들에게 서비스를 제공하는 회사들은 여러 면에서 레스토랑이나 소매점들과 정반대이다. 이 부문은 모닝스타가 취급하는 수많은 종목들 중에서 해자가 넓은 기업들의 비율이 가장 높은 부문 중 하나이다. 그 이유는 이들 기업이 자신의 상품을 고객의 업무 프로세스와 긴밀하게 통합시킴으로써 매우 높은 전환 비용을 발생시키기 때문이다. 이는 동시에 가격결정력을 확보해주며 높은 자본이익률을 달성할 수 있게 해준다. DST 시스템즈, 파이서브와 같은 데이터 처리업체들이 이 범주에 속한다. 또한 IMS 헬스(처방 약물), 에퀴팩스Equifax(신용평가기관)나 던 앤드 브래드스트리트Dun & Bradstreet와 같이 모방할 수 없는 데이터베이스를 보유한 기업들도 마찬가지이다. 이 시장에는 스테리사이클(의료 폐기물), 무디스(채권평가), 팩트셋FactSet(금융 데이터 수집), 그리고 블랙보드Blackbaud(비영리 자금조달 소프트웨어) 등과 같은 틈새시장 지배자들이 수두룩하다. 기업 서비스 회사들은 일반인의 일상적인 레이더 스크린에서는 멀리 떨어져 있을지 모르지만, 해자가 있는 기업들이 많은 부문이라는 것을 고려할 때 일단 노력을 해서 알아놓으면 그만한 가치를 얻을 수 있다.

소비자상품시장에는 워렌 버핏이 '없어서는 안 될 것들the inevitables'이라고 지칭하는 기업들이 상당히 많다. 가령 코카콜라, 콜게이트 팜올리브Colgate-Palmolive, 리글리Wrigley, 프록터 앤드 갬블Procter & Gamble과 같이 믿을 수 없을 정도로 영속적이고 유행에 뒤처지지 않는 브랜드와 제품을 가진 기업들이다. 금융 서비스와 함께 이 부문은 해자가 넓은 기업의 비율이 가장 높은 부문이다. 그 이유는 이해하기 쉽다. 더블민트 껌이나 콜게이트 치약과 같은 브랜드는 하루아침에 구축되지 않으며, 광고와 계속적인 혁신을 통해 브랜드를 유지하려면 많은 돈이 든다. 이 부문도 해자를 찾기 좋은 또 하나의 황금 어장이기는 하지만 브랜드 가치가 일시적이거나(케네스 콜Kenneth Cole이나 타미 힐피거), 자체 브랜드 제품의 위협을 받을 수 있거나(크레프트 또는 델몬트Del Monte), 또는 저가 노동력이 업계의 경제성을 영구적으로 변화시킬지도 모르는(이튼 알렌Ethan Allen이나 스틸케이스Steelcase) 기업들을 조심해야 한다.

'없어서는 안 될 것들'은 가장 잘 알려져 있을지 모르지만 맥코믹McCormick & Company(양념), 모호크 인더스트리Mohawk Industries(카펫), 티파니(보석) 또는 실드 에어Sealed Air(포장)와 같은 틈새시장을 지배하는 기업들도 무시해서는 안 된다.

원가가 가장 중요한 시장에서는 업계의 많은 기업들이 해자를 구축하기 어렵다. 그래서 산업 재료시장에서는 거의 해자를 발견하기가 어려운 것이다. 광업이든, 화학물질 생산업체든, 제철회사든, 또는 자동차 부품회사든, 자사의 제품을 경쟁사의 제품과 차별화하기가 매우 어렵기 때문에 고객들은 가격에만 관심을 가지게 된다. 좋든 싫든 1차 산업군에서는 소수의 기업만이 지속 가능한 원가 우위를 가질 수 있다. 금속 분야에서는 대기업 중에서도 BHP 빌리톤과 리오 틴토Rio Tinto같이 가장 큰 기업만이 해자를 만들 가능성이 있다는 것을 알 수 있다.

그렇다고 해서 대다수의 투자자들처럼 당신의 포트폴리오에서 공업회사들을 완전히 지워버리지는 말길 바란다. 이 시장에서 진짜 보석들을 찾을 수도 있으니까. 공업 주식에 투자한 많은 투자자들이 경기가 좋아질 때 주식을 구입해서 경기가 나빠질 때 획일적으로 매각하는 포트폴리오 목록에 이들을 포함시킨다는 것에 주목해라. 결국 이 부문에는 전반적으로 경기에 민감한 기업들이 많이 포진되어 있는 것이 사실이지만, 모든 업체를 한 묶음으로 취급해서는 안 된다. 목욕물(해자가 없는 기업)을 버릴 때 아기(해자가 있는 기업)까지 함께 버리는 투자자들의 경향이 오히려 해자의 경쟁력을 가진 기업을 찾는 투자자에게는 하나의 기회가 될 수 있는 것이다. 결국 이 부문에는 그레이코(산업용 펌프) 및 날코Nalco(정수 처리)와 같은 틈새시장 지배 기업들과, 스틸 다이내믹스(철강) 및 벌칸(건설용 골재) 같은 원가 우위 기업, 그리고 프리시전 캐스트파츠(고급 금속 단조) 및 제너럴 다이내믹스General Dynamics(국방)와 같은 전환 비용이 높은 기업들이 있다. 어디를 봐야 하는지 안다면 낡은 산업에서도 많은 해자를 찾을 수 있는 것이다.

표면적으로는 에너지 종목들이 금속 원자재처럼 무가치하게 보일지 모르지만, 이 부문에는 두 가지 이유로 생각보다 해자를 보유한 기업이 많다. 첫째, 천연가스를 생산하는 기업들은 가스를 장거리 수송하는 일의 어려움 때문에 이득을 본다. 동이나 석탄은 비교적 쉽게 전 세계로 수송할 수 있지만, 천연가스는 파이프라인으로 운반해야만 경제성을 확보할 수 있다. 하지만 파이프라인은 바다를 통과하지 못한다. 그 결과 북미의 천연가스 생산업체들은 중동에서 생산되는 엄청나게 값싼 천연가스와 경쟁하지 않아도 되기 때문에 이웃 경쟁업체들보다 원가를 낮추기만 하면 해자를 만들 수 있다. 따라서 북미의 가스 생산업체들은 원가가 낮은 매장량을 개발하고 어느 정도의 생산 수명을 확보함으로써 해자를 만들 수 있다. 천연가스와 달리 석유는 전 세계적으로 거래된다. 그러나 역시 천연가스와 마찬가지로 OPEC^{석유 수출국 기구}라고 하는 카르텔이 있어서 석유가격을 비교적 높게 유지하는 일을 한다. 높게 형성된 가격은 많은 석유 생산업체들에게 높은 자본이익률을 얻게 해준다. 또한 새로 발견되는 유전은 갈수록 접근하기 어려운 곳이 많으며, 이를 개발할 자원을 가진 자본력 있는 대기업들의 수는 적다.

우리는 놀랍게도 잘 알려지지 않은 에너지 부문의 작은 틈새시장에서도 해자를 많이 찾을 수 있다. 그것은 파이프라인이다. 천연가스, 가솔린, 원유, 기타 다양한 에너지 관련 제품들을 수송하는 광대한 파이프라인망을 운영하는 회사들은 상당히 수익성이 높다. 일반적으로 파이프라인 건설에는 승인이 필요하며 이것을 확보하기가 항상 쉽지만은 않다. 또한 많은 파이프라인 기업들은 7장에서 설명한 틈새시장 경제학과 동일한 원리로 이익을 보고 있다. 즉, 2개 지점 사이에 다수의 파이프라인의 수익을 지원할 만큼 수요가 충분하지 않을 경우에는 하나의 파이프라인이 지역적인 독점을 누려서 허용되는 최고의 가격을 부과할 수 있다는 것이다. 이때 허용될 수 있는 가격은 상당히 높을 수 있다. 전력보다는 파이프라인에 대한 규제가 느슨하기 때문이다. 파이프라인은 일반적으로 마스터 합자회사master limited partnership라고 하는 구조로 포장되어 있다. 이는 투자자들에게 세금 문제를 복잡하게 만들 수 있고, 개인 퇴직금 적립 계정IRA 또는 401K 플랜과 같은 과세 유예 계정에는 부적합하다. 그렇다고 해도 매력적인 이익률과 해자가 있는 기업들로 인해 이 분야의 에너지 시장은 세금 신고 기간에 별도로 한두 시간을 투자할 만한 가치가 있다.

마지막으로 경제적 해자라는 관점에서 보면 약간 이상한 전력시장을 살펴보자. 일부 지리적인 지역에 대한 자연스러운 독점으로 인해 전력회사들은 해자가 넓은 기업들처럼 보인다. 그러나 규제기관들은 (투자자들에게는 불행하지만 소비자들에게는 다행스럽게) 민감하게 독점 문제를 인식하고 있기 때문에 이들 기업의 자본이익률은 비교적 낮은 수준으로 상한선이 정해져 있다. 미국의 경우 규제기관들의 특성은 지역별로 차이가 있다. 따라서 전력회사의 입장에서 합리적이고 그들에게 우호적인 규제기관의 존재는 그들이 지닐 수 있는 최고의 자산이라 할 만하다. 일반적으로 전력시장은 해자가 큰 부문은 아니지만 원가가 낮다는 점을 고려해볼 때, 전력회사에 우호적인 규제기관이 속해 있는 지역에 있는 회사라면 상당한 수익률을 창출할 수도 있다. 물론 이 경우 주식 구매 가격에 많은 주의가 따른다.

기업의 수익성 추측 방법

이제 해자가 더 오랜 기간 동안 수익성을 유지하도록 함으로써 기업의 가치를 증가시킨다는 사실을 당신도 이해했으리라고 믿는다. 그렇다면 어떤 기업의 수익성을 측정하는 가장 좋은 방법은 무엇일까? 이것은 간단하다. 사업에 투자한 자금에 비교하여 얼마나 많은 이익이 발생하는지 보면 된다. 수치 관점에서 보면 이것은 위대한 기업을 평범한 기업들과 구분하는 중요한 열쇠이다. 모든 회사가 하는 일이 자금을 구해서 프로젝트, 제품, 서비스에 투자하여 더 많은 돈을 버는 것이기 때문이다. 들어간 자금에 비해 나오는 자금이 더 많을수록 더 좋은 사업인 것이다.

어떤 기업이 사용한 자본금 1달러당 경제적 이익을 얼마나 발생시켰는지 파악하면 그 회사가 자본금을 얼마나 효율적으로 사용하고 있는지 알 수 있다. 자본금을 더 효율적으로 사용하는 기업이 더 빠르게 주주의 재산을 증가시킬 수 있기 때문에, 더 좋은 기업이고 더 좋은 투자처이다.

이렇게 한번 생각해보라. 한 기업의 관리는 뮤추얼펀드의 관리와 비슷하다. 뮤추얼펀드 관리자는 투자자의 돈을 받아서 주식이나 채권에 투자하여 수익을 발생시킨다. 예컨대 12%의 수익률을 발생시킬 수 있는 관리자는 8%의 수익률을 얻는 관리자보다 주주의 재산을 더 빨리 증식시킬 것이다. 기업들도 크게 다르지 않다. 그들은 주주의 돈을 받아서 자신의 사업에 투자하여 부를 창출한다. 우리는 어떤 기업이 달성한 수익률을 측정함으로써, 그들이 자본을 이익으로 전환시키는 일을 얼마나 잘하고 있는지 알 수 있다.

그러면 자본이익률은 어떻게 측정하는가? 세 가지 가장 일반적인 방법은 총자산이익률^{ROA, Return On Assets}, ROE(자기자본이익률), ROIC이다. 이들 각각은 약간 다른 방법으로 같은 정보를 제공한다.

ROA(총자산이익률)는 회사가 자산 1달러당 얼마나 많은 수입을 발생시켰는지를 측정하는 것이다. 모든 기업들이 단순히 자산들이 모인 커다란 덩어리라면, 이것만 사용해도 완전히 측정할 수 있을 것이다. 어쨌든 이것을 시작점으로 하는 것이 좋다. 모닝스타나 그 외 어떤 회사의 웹사이트에서든 이 수치를 찾아볼 수 있을 것이다.

그러나 많은 기업들은 부분적으로 대출을 받아서 자금을 조달한다. 이 부채는 자본수익을 따질 때 계산에 넣어야 할 레버리지 요소이다. 또 하나의 자본이익률에 관한 전반적인 척도인 ROE로 들어가 보자. ROE는 회사가 주주들의 자본금을 얼마나 효율적으로 사용하는지를 측정한다. 주주들의 자본금 1달러당 이익금을 측정한다고 생각하면 된다. ROE의 한 가지 결함은 회사들이 수익이 없이 부채를 끌어안음으로써 자신들의 ROE를 부풀릴 수 있다는 것이다. 따라서 ROE를 볼 때는 부채를 함께 보는 것이 좋다. ROA처럼 어떤 회사든 그 회사의 금융 관련 웹사이트에서 ROE 계산 값을 찾을 수 있을 것이다. 다시 한 번 말하지만, 제1원칙을 조금 더 넓게 본다면 당신은 합리적인 회계 결산 수치로써 15%를 사용해야 한다. 즉, 끊임없이 15% 혹은 그 이상의 ROE를 달성하고 있는 회사라면 십중팔구는 경제적 해자를 가지고 있는 것이다.

마지막으로 앞의 두 개념의 최상의 장점만 조합해놓은 ROIC라는 것이 있다. 이것은 자본이든 부채든 관계없이 회사에 투자된 모든 자본에 관한 수익을 측정한다. 그래서 ROA와 달리 부채를 포함하지만 ROE를 사용할 때 매우 높게 수익을 보인 회사들을 매우 높은 수준에서 레버리지함으로써 왜곡된 부분을 제거한다. 회사의 재무적인 결정들

(부채 VS 자본)이 야기하는 영향력들을 제거하여 이익을 다른 방식으로 정의하는 것이다.

따라서 우리는 회사의 기저에 깔린 진짜 효율성을 나타내는 수치에 가능한 가까이 도달할 수 있게 된다. ROIC를 측정하는 방법은 여러 가지가 있고, 공식도 복잡하다. 그래서 ROA나 ROE처럼 쉽게 이용할 수 있는 수치가 아니다. 결론은 ROIC도 ROE나 ROA와 같은 방식으로 해석할 수 있다는 것이다. 더 높은 수익이 낮은 수익보다 낫다는 것 말이다.

돈이 있는 곳으로 가라

해자는 더 오랜 기간 동안 수익성을 유지할 수 있게 해주기 때문에 기업의 가치를 높여준다. 그리고 우리는 자본이익률을 이용하여 수익성을 측정하고자 한다. 자금을 효율적으로 사용하는 기업들은 주주들의 자본금을 더 빠르게 증가시키기 때문에 이는 합리적으로 들린다. 그렇다고 해자가 단순히 더 강하고 더 가치 있는 기업을 찾는 도구로만 쓰이는 것은 아니다. 해자는 당신의 주식종목 선택

과정에서 핵심이 되어야 하는 것이다.

반면 기억해야 할 것은 주식시장의 모든 부문에 투자할 필요는 없다는 것이다. 유행을 쫓아서 그 산업의 경제성이 매력적인지에 대한 고려 없이 이 산업 저 산업을 기웃거리는 것은 좋지 않다. 유명한 은행강도 윌리 서튼Willie Sutton은 "은행에 돈이 있기 때문에 은행을 턴다"고 말했다. 투자자로서 여러분은 윌리의 논리를 기억해야 한다. 어떤 산업은 구조적으로 다른 산업보다 더 수익성이 높고 해자가 많다. 장기적인 투자 자금은 반드시 그런 산업을 따라가야 한다.

The Bottom Line

1. 어떤 산업에서는 다른 산업보다 더 쉽게 경쟁력을 창출할 수 있다. 세상은 공평하지 않다.

2. 해자는 상대적이 아니라 절대적이다. 구조적으로 수익성이 높은 산업에서 네 번째로 우수한 기업은 경쟁이 치열한 산업의 최고 기업보다 더 폭이 넓은 해자를 갖고 있을 가능성이 높다.

chapter 10

뛰어난 기수라는 환상

경영진은 생각보다 중요하지 않다

경제적 해자에서 경영진은 생각보다 그다지 중요하지 않다. 경영 전문지나 TV에서 유명한 CEO들을 보는 데 익숙한 사람들에게 이 말은 충격적으로 들릴 수도 있다. 그러나 이 말은 사실이다.

3장에서 7장까지 설명한 것처럼 장기적인 경쟁력의 뿌리는 구조적인 사업 특성이며, 여기에 영향을 미칠 수 있는 경영자들의 능력은 제한되어 있다. 물론 우리는 경쟁이 심한 산업에서 성공한 모든 기업들을 떠올릴 수 있다. 스타벅스는 커피숍 체인으로 경제적 해자를 만들지 않았는가? 하지만 이들 기업은 일반적인 경우라기보다는 예외적인 경우이다. 1990년대의 베이글 체인 유행을 기억하는가? 기억하지 못한다면, 바로 그런 경우이다.

이와 같은 견해는 유명한 경영서 저자인 짐 콜린스Jim Collins의 말과 정반대편에 서 있다. 그는 "위대성, 그것은 결국 의식적인 선택의 문제다"라고 말함으로써 많은 경영 전문가들의 공감을 얻었다.

하지만 그렇지 않다. '의식적인 선택'이 경영난을 겪고 있는 자동차 부품회사를 수익성이 높은 데이터 처리업체로 바꿀 수는 없다. 내가 체리 코크를 마시고 시즈 캔디See's Candy를 먹는다고 해서 워렌 버핏이 될 수는 없는 것이다. 열에 아홉은 경영진의 결정보다 산업의 경쟁 역학이 기업의 경제적 해자에 훨씬 더 큰 영향력을 미친다. 그 이유는 대부분의 경영자가 무능력하기 때문이 아니라 어떤 산업은 다른 산업보다 경쟁력이 낮기 때문이다. 물론 어떤 CEO들은 높은 자본이익률을 더 쉽게 달성하기도 한다.

9장에서 설명했듯이 어떤 산업은 다른 산업보다 해자를

파기가 더 쉽게 되어 있다. 임의로 고른 자산관리회사나 은행 혹은 데이터 처리업체에서 임의로 고른 자동차 부품 회사나 소매업체 혹은 기술 하드웨어 회사에서보다 더 오랜 기간 더 높은 자본이익률을 볼 수 있을 것이라고 나는 장담한다.

경영 대학원과 경영 멘토들은 우리에게 몇 가지 간단한 우수한 관행들을 따르면 좋은 기업을 위대한 기업으로 만들 수 있을 것처럼 말하지만, 그것은 사실이 아니다. 물론 현명한 경영진은 우수한 회사를 위대한 회사로 만들 수 있으며, 나 또한 얼간이들이 경영하는 회사보다는 현명하게 자본을 배정하는 기업의 주식을 소유하고 싶다. 그러나 기업의 구조적 특성보다 경영진의 결정이 기업의 장기적인 경쟁력에 더 큰 영향을 주는 경우는 매우 드물다.●

● 창업회사의 경우에는 그렇지 않다고 생각할 수도 있다. 작은 신생회사에서는 경영진이 더 큰 영향력을 가지고 있기 때문이다. 그러나 시카고 대학교 스티븐 카플란(Steven Kaplan) 교수의 최근 연구는 그렇지 않다고 주장한다. 최근의 논문에서(「투자자들은 기수와 말 중 어디에 투자를 해야 하는가? 초기 사업 계획에서 주식공개회사로 기업이 진화하는 과정에서 얻은 증거」, CRSP 논문 603, 2007년 8월) 카플란 교수와 공동 저자들은 다음과 같은 결론을 내리고 있다. '최소한 창업회사의 투자자들은 강력한 경영진보다는 강력한 사업을 보고 투자 결정을 해야 한다.'

9장에서 이야기했던 야누스라는 회사의 사례를 다시 한 번 살펴보자. 이 회사는 경영진이 더 이상 나쁠 수 없을 정도까지 사업 운영에 실패했음에도 불구하고, 몇 년 동안 바닥을 치던 이익률이 다시 높은 수준을 회복했다.

또 H&R 블록 같은 회사는 올드 디스카운트 브로커리지 Olde Discount Brokerage와 같은 수지맞지 않는 사업에 돈을 쏟아부었지만, 세금 신고 대행 프랜차이즈 사업이 성공하면서 높은 자본이익률을 달성했다.

맥도날드는 어떤가? 비참할 정도로 소비자 입맛에 어긋나고 한동안 고객 서비스가 용납할 수 없는 수준으로 나빠졌음에도 불구하고, 맥도날드 브랜드가 지닌 영원한 힘을 발판삼아 비교적 빠르게 경영성과를 회복할 수 있었다.

이 세 가지 사례는 모두 평균 이하인 경영진의 결정보다 구조적인 경쟁력이 장기적으로는 훨씬 더 중요하다는 사실을 입증하는 것이다.

이제 자크 내서Jacques Nasser, 폴 프레슬러Paul Pressler, 게리 웬트Gary Wendt 같은 슈퍼스타 CEO들이 각각 포드Ford, 갭Gap,

코네스코^{Conesco} 같은 회사를 회복시키려고 노력했을 때 어떻게 되었는지 생각해보자.

이 세 사례에서 그들은 완전히 실패했다. 코네스코의 경우는 파산까지 했다. 그것은 노력이 부족한 것도 아니었고 경영진의 능력에 따른 실패도 아니었다. 단지 구조적으로 원가가 경쟁사보다 높은 자동차 제조업체, 시대에 뒤떨어진 브랜드를 지닌 패션 소매업체, 부실 채권이 지나치게 많은 대출회사에 대해서는 이들이라 할지라도 할 수 있는 일이 많지 않은 것일 뿐이다. 세계 최고의 엔지니어라도 10층짜리 모래성은 쌓을 수 없다. 그렇게 할 수 있는 원재료가 없으니 말이다.

워렌 버핏은 이와 같은 역학에 대해 간결하게 표현했다.

"걸출한 능력으로 유명한 경영자가 경제성이 나쁜 것으로 유명한 회사를 경영하면, 결국 그 회사의 나쁜 명성만 그대로 남을 뿐이다."

명망 있는 CEO가 잔혹한 업계 역학으로 인해 실패한 사례 중에 내가 개인적으로 가장 좋아하는 것은 제트블루의 데이비드 닐리먼^{David Neeleman}의 일화이다.

닐리먼이 제트블루를 창업했을 때 그는 흠잡을 데 없는 경력을 갖추고 있었다. 그는 기업 인수를 하지 않기로 유명한 사우스웨스트 항공사마저 인수를 나설 만큼 매력적이었던 항공사를 창업한 인물이다. 그리고 나서 사우스웨스트와 맺은 비경쟁 계약기간이 만료될 때까지 기다리면서 캐나다에서 저가 운송회사를 창업하는 데 도움을 주었다. 제트블루를 창업했을 때 닐리먼의 비행기들은 신형이었고 좌석별 위성 TV와 품위 있는 가죽 시트를 자랑했다. 신형 비행기들은 낡은 비행기보다 정비를 적게 하고 더 효율적이므로 운영에 들어가는 원가가 낮다. 따라서 제트블루의 주식이 공개된 직후의 재무 현황은 훌륭해 보였다. 영업이익이 17%이고 ROE가 20%에 달했던 것이다.

불행하게도 시간은 멈추어 있지 않았다. 비행기가 낡아가고 직원들의 재직 연수가 늘어나면서 제트블루의 원가 구조는 계속 올라가기만 했다. 또한 가죽 시트 같은 편의 사양은 모방하기가 쉽다. 실제로 사우스웨스트는 금방 따라했다. 네트워크 항공사들은 파산 이후의 향상된 대차대조표에 용기를 얻어서 일부 노선에 대해 제트블루와 가격 경쟁을 벌였고, 제트블루의 영업이익은 폭락했다.

이 글을 쓰던 시점에 이 회사의 주가는 5년 전 기업공개IPO 당시의 가격보다 무려 30%나 떨어져 있다. 현명하지 못한 경영진의 결정이 몇 번이나 있었다 해도 이 회사의 경영성과가 나쁜 것은 결코 닐리먼만의 잘못이 아니다. 항공산업은 본질적으로 경제성이 매우 낮으며 그것이 결국 이 회사의 곤경을 가져온 원인이다.

유명 CEO 컴플렉스

그럼에도 불구하고 CEO들이 투자자들에게 그렇게 많은 주목을 받는 이유는 무엇인가? 두 가지 이유가 있는데, 하나는 분명하지만 다른 하나는 쉽게 알아내기 어렵다.

분명한 이유는 독자의 관심을 끌어야 하는 비즈니스 언론매체에서 CEO만큼 관심을 끌기 쉬운 주제도 없기 때문이다. 기록적인 이익을 달성하고 있는 포춘 500대 기업의

CEO에 대한 기사나 기업의 성공적인 국제시장 진출 전략에 대한 경영진과의 인터뷰 기사에 관심을 가지지 않을 사람이 어디 있는가? 기업 임원들은 홍보를 할 수 있는 기회를 얻게 되어 만족스럽고, 경제 기자는 관심 있는 기업에 대한 화제성 있는 기사를 쓰게 되어 좋다. 양쪽 모두 행복한 윈-윈 상황이지만 유명 요리사들이 자신의 주방에서 나오는 결과물을 통제하듯이, 이들 임원들이 회사의 운명을 통제한다는 생각을 투자자들에게 준다면 그것은 투자자들에게 해를 끼치는 것이다. 찰리 트로터Charlie Trotter, 미국 유명 요리사라고 해도 사용할 수 있는 재료가 제한되어 있는 동네 식당의 주방에서는 어려움을 겪을 것이고, 아무리 똑똑한 CEO라도 경쟁이 심한 산업에서는 회사의 수익성을 변화시킬 수 있는 폭이 제한될 것이다.

경영자들이 기업의 운명을 결정하는 사람으로 많은 주목을 받는 숨겨진 이유는 우리의 편견 때문이다. 화제를 만들어내고 싶고 실제로 존재하지 않는 패턴을 보고 싶어 하는 것은 인간의 본성이다.

사람들은 모두 결과에 대한 원인을 확인하고 싶어한다. '경쟁력 부족'을 비난하는 것보다는 한 사람의 책임자를 지목하는 것이 훨씬 더 간단하고 명확해 보이지 않는가? 하지만 본질적으로 CEO가 존재하지도 않는 경쟁력을 만들거나 처음부터 매우 강력한 경쟁력을 손상시키기는 어렵다.

투자자는 경쟁력이 심한 산업에서 능력 있는 CEO의 비전을 통해 해자를 구축하는 데 성공한 기업처럼 예외적인 경우를 더 잘 기억한다. 스타벅스, 델, 뉴코, 베드 배스 앤드 비욘드, 베스트 바이 등과 같은 기업들은 모두 엄청나게 경쟁이 심한 산업에서 성공을 거둠으로써 주주들에게 엄청난 수익을 안겨주었다. 그러나 이들 기업의 성공에 생각이 고정되어 그들의 경험이 예외라기보다는 일반적인 경우라고 믿는다면, 우리는 '가능성'을 '확률'로 착각하는 것이다. 그것은 좋지 않다. 성공적인 투자의 중요한 요소는 확률을 자신에게 유리하게 쌓아올리는 것이기 때문이다.

해자가 있지만 평범한 경영진이 경영하는 기업이 부정적인 성과를 달성할 확률은 잭 웰치Jack Welch 같은 유명한

CEO가 경영하는 해자가 없는 회사보다는 훨씬 낮다. 당신이 경쟁력을 신중하게 분석했다고 가정하면, 해자가 있는 기업은 경쟁력을 유지할 확률이 매우 높다. 경영진은 주식 가격을 상승시켜서 놀라움을 줄 수도 있지만, 그들이 좋지 않은 성과를 만들어낸다 해도 투자자들은 해자에 기댈 수가 있다.

반면에 해자가 없는 기업은 경쟁이 심한 환경에서 성공하기 위해 더 많은 어려움을 극복해야 하고, 경영진의 능력이 우리가 생각한 것 이상으로 탁월해야 한다. CEO가 생각보다 능력을 발휘하지 못한다면 그 회사의 경영성과는 하락할 수밖에 없다는 것이다.

이렇게 한번 생각해보라. 기업이 속한 산업을 바꾸는 것과 경영진을 바꾸는 것 중에 어느 쪽이 더 쉬운가? 이 질문에 대한 대답은 물론 분명하다.

경영진은 정기적으로 바뀌지만 경쟁이 심한 산업에 속한 기업은 영원히 그곳에 갇혀 있다. 우리는 일부 산업이 구조적으로 다른 산업보다 경제성이 뛰어나다는 사실을 알기 때문에, CEO보다는 기업이 속한 산업이 지속적으로 높은 자본이익률을 달성하는 능력에 더 큰 영향을 미친다는 사실을 알 수 있다. 이것이 이치에 맞는 것이다.

경영진은 중요하지만 기업의 구조적인 경쟁력에 의해 정해진 경계선 내에서만 중요하다. 어떤 CEO도 진공상태에서 경영하지 않으며, 위대한 경영자가 회사의 가치를 높여줄 수는 있지만 경영진 자체는 영속적인 경쟁력이 아니다.

The Bottom Line

1. 기수가 아니라 말에 대해 투자하라. 경영진보다 해자가 훨씬 더 중요하다.

2. 투자는 확률 게임이다. 슈퍼스타 CEO가 경영하지만 해자가 없는 기업보다 평범한 CEO가 경영하지만 해자가 넓은 기업이 장기적인 성공을 거둘 확률이 더 높다.

chapter 11

진가를 발휘하는 기업들

경쟁력 사례 분석

대학교와 대학원에서 나는 이론 평점이 좋지 않았다. 큰 그림, 추상적인 개념은 구체적인 사례로 기억하지 않으면 한쪽 귀로 들어가 다른 쪽 귀로 흘러나왔다. 대학원에서는 정치학을 공부했는데 막스 베버Max Weber, 칼 마르크스Karl Marx, 에밀 뒤르켐Emile Durkheim 같은 위대한 정치 사상가들의 이론을 열심히 공부했지만 재미는 없었다(물론 슘페터Joseph Schmpeter의 '창조적 파괴'는 예외였다). 반면 나는 다양한 증거를 인용하여 하나의 통일된 주제나 이론을 바닥부터 쌓아올리는 책을 읽는 것을 좋아한다. 내 인생의 개별적인 사건들을 서로 연결시켜본 적은 없지만 지금 되돌아보면, 이것은 비전문적인 기본 증권 분석가의 경력에 대한 좋은 전조였다.

이 장에서 나는 지금까지 내가 언급한 경제적 해자에 대한 모든 아이디어들을 꺼내서 5개 기업을 하나씩 살펴보면서 밑에서부터 검증하고자 한다. 결국 당신은 이 책에서 얻은 아이디어를 이와 같이 실제 세계에 적용해보아야 할 것이다. 당신이 경제잡지에서 어떤 회사에 대한 글을 읽거나 포트폴리오 관리자 또는 동료에게 듣는다면 그 회사에 관심을 갖게 되고, 스스로 그 회사에 대한 연구를 할 것이다. 이 점을 염두에 두고 나는 이 장에서 내가 생각할 수 있는 가장 현실적인 방법으로 기업들을 선택했다. 『포춘 Fortune』이나 『배런스 Barron's』와 같은 주요 경제지의 최신호를 집어서 우호적으로 언급된 5개 회사를 선택했다.

표 11-1은 이들 기업이 해자를 가지고 있는지 여부를 판단하기 위해 내가 사용하는 3단계 과정을 보여준다. 1단계는 과거의 실적을 보는 것이다. 즉, 그 회사가 과거에 상

당한 자본이익률을 달성한 적이 있는지 파악하는 단계이다. 이를 분석할 때 당신은 가능한 한 장기간에 걸친 자본이익률을 봐야 한다. 1~2년 정도 자본이익률이 낮았다고 해서 해자가 없는 것은 아니다(Morningstar.com에서 10년간의 재무 데이터를 무료로 볼 수 있다).

[표 11-1] 해자 판단 과정

▶ YES   ▷ NO

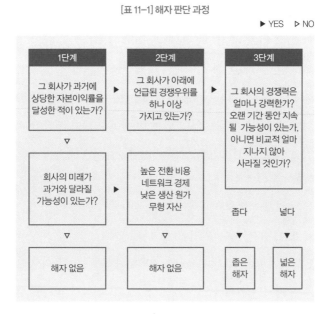

'회사가 과거에 상당한 자본이익률을 달성했는가?'에 대한 대답이 부정적인 경우, 미래가 과거와 크게 달라질 가능성이 없다면 해자가 없는 것이다. 결국 경쟁력은 숫자로 나타나야 하는 것이다. 초과이익을 벌 수 있는 능력이 입증되지 않은 기업이라면 희망을 걸 대상이 아니다. 과거에 낮은 자본이익률을 달성한 기업이 앞으로 더 나은 성과를 달성할 가능성은 있지만, 그와 같은 낙관적인 전망을 하려면 기본적인 사업의 경제성에 크고 긍정적인 변화가 있어야 한다. 그런 일은 실제로도 일어나며 구조적으로 향상된 기업을 찾는다면 많은 돈을 벌 수 있지만, 이와 같은 기업은 일반적인 경우라기보다는 예외적인 경우라 할 수 있다. 그러므로 일반적으로 견실한 자본이익률에 대한 증거가 없다면, 해자가 없는 것과 같다. 그러나 어떤 기업이 우수한 자본이익률을 달성해왔다면 우리가 할 일은 더 까다로워진다.

2단계는 경쟁력을 찾는 것이다. 즉, 그 회사가 경쟁자들을 물리치고 초과이익을 얻을 수 있었던 이유를 밝히는 것이다. 결국 자본이익률이 우수한 기업도 그와 같은 수익이 미래에도 계속 이어질 것이라는 구체적인 이유가 없다면 해자가 없을 가능성이 있다. 계속해서 높은 수익률이 유지될 것이라는 근거에 대해서 생각하지 않는 것은 백미러만 보고 운전하는 것과 같이 결코 좋은 생각이라고 할 수 없다. 소매업과 레스토랑 체인을 생각해보라. 소비자들에게 있어 전환 비용이 매우 낮기 때문에, 이 산업에 속한 기업들이 해자를 가지려면 규모와 잘 확립된 브랜드 또는 다른 견실한 이점이 있어야 한다. 이점이 없다면 현재의 높은 자본이익률도 매우 빠르게 사라져버릴 수 있다. 역사는 처음 몇 년 동안 성공을 거두었다가 추락해버린 인기 있는 소매점이나 레스토랑 콘셉트로 가득 차 있다.

이 두 번째 단계에서 우리는 모든 경쟁력 분석 도구들을 적용해봐야 한다. 그 기업에 브랜드가 있는가? 특허는? 고객들이 경쟁 상품으로 전환하기가 어려운가? 원가를 계속 낮게 유지할 수 있는가? 네트워크 경제에서 이익을 얻을 수 있는가? 파괴적 기술이나 업계의 역학 변화의 영향을 받는가? 등 가능한 질문들을 모두 해봐라.

경쟁력의 증거를 발견했다는 가정이 성립되면 3단계는 그 경쟁력이 얼마나 오랫동안 지속될 것인지를 파악하는 것이다. 어떤 해자는 존재하기는 하지만 그 해자 위에 쉽게 다리를 놓을 수 있는 반면, 어떤 해자는 매우 넓어서 앞으로 오랫동안 높은 자본이익률을 자신 있게 예측할 수 있다. 이것은 명백히 주관적인 판단이다. 따라서 너무 세밀하게 분석하는 것은 권장하지 않는다. 모닝스타에서 우리는 기업들을 단지 넓은 해자, 좁은 해자, 해자 없음의 세 가지 범주로 나눌 뿐이다. 아래에 나오는 사례에서도 그렇게 할 것이다.

이제 이와 같은 아이디어를 실제로 적용해보자.

해자 찾기

첫 번째 사례는 디어 앤드 컴퍼니[Deere & Company]이다. 농기구를 제조하는 이 회사는 건설기계시장에서도 상당한 점유율을 차지하고 있다. 표 11-2에서 보듯이 디어는 지난 10년 동안 상당한 자본이익률을 달성해왔지만, 1999년에서 2002년 사이에는 상당한 불경기를 겪었다. 하지만 농업은 경기의 영향을 많이 받는 사업이기 때문에 이것은 큰 문제가 되지 않는다. 디어가 치즈나 맥주같이 수요가 훨씬 안정적인 제품을 판매했다면 우리는 더 조사를 해볼 필요가 있었을 것이다. 따라서 숫자에 근거할 때 디어는 해자

[표 11-2] 디어 앤드 컴퍼니

디어 앤드 컴퍼니	이익률(%)	ROA(%)	재무 레버리지	ROE(%)
1997년	7.5	6.2	3.9	24.9
1998년	7.4	6.0	4.4	24.8
1999년	2.0	1.3	4.3	5.9
2000년	3.7	2.6	4.8	11.6
2001년	−0.5	−0.3	5.7	−1.5
2002년	2.3	1.4	7.5	8.9
2003년	4.1	2.6	6.6	18.0
2004년	7.0	5.1	4.5	27.1
2005년	6.6	4.6	4.9	21.9
2006년	7.7	5.0	4.6	23.6
TTM	7.3	4.5	4.7	20.8
평균	–	3.5	–	16.9

를 가지고 있는 것처럼 보인다.

이제 경쟁력 분석으로 넘어가 보자. 디어가 견실한 자본이익률을 달성할 수 있게 만드는 것은 무엇인가? 높은 자본이익률을 미래에도 유지할 가능성이 높은가? 물론 브랜드는 분명히 도움이 된다. 이 회사의 역사는 170년에 달하며 농부들은 상당히 충성스러운 디어 브랜드의 고객이다. 하지만 디어의 경쟁사인 케이스 건설장비Case Construction Equipment와 뉴 홀란드New Holland 제품을 사용하는 사람들도 그에 못지않게 충성스럽기 때문에 뭔가 다른 것이 필요하다.

경쟁력의 핵심은 북미 지역에서 경쟁사보다 훨씬 더 넓은 디어의 대리점망이었다. 대리점들은 부품을 빠르게 구해서 디어 장비를 수리할 수 있다. 때문에 중요한 씨뿌리기 기간과 수확 기간에 고장 시간을 최소화할 수 있다. 디어의 고객들이 매우 시간에 민감하다는 것을 생각한다면 고장 난 장비를 단시간 내에 수리하는 능력은 매우 중요하다. 농부들은 1년에 단 몇 주 동안 3억 원짜리 콤바인을 사용하지만 이 몇 주 동안에는 기계가 절대적으로 원활히 작동되어야 한다. 하지만 이 대리점망은 경쟁사가 모방할 수 있고, 디어의 품질이 크게 떨어진다면 고객이 브랜드를 전환할 가능성이 있기 때문에 디어가 넓은 경제적 해자를 가지고 있다고 말하기는 어렵다. 그러나 경쟁자들이 디어의 대리점망을 갖추려면 수년의 시간이 걸릴 것이고, 실제로 그렇게 할 것인지도 불확실하다. 따라서 디어는 좁지만 견실한 경제적 해자를 갖고 있다고 말할 수 있고, 우리는 이 회사가 앞으로 당분간 견실한 자본이익률을 계속 달성할 것이라고 자신할 수 있다.

다음 사례는 미국의 중심부에서 햄프턴 지역으로 이동한다. 마사 스튜어트Martha Stewart 브랜드에 대한 라이선스를 얻어서 잡지와 TV 쇼를 제작하는 마사 스튜어트 리빙 옴니미디어Martha Stewart Living Omnimedia라는 회사이다. 감옥에 잠시 다녀온 이후에도 식지 않은 마사의 인기를 생각하면 우리는 이 회사가 상당한 수익성이 있을 것이라고 예상할 수 있다. 표 11-3의 수치를 검토해보자.

[표 11-3] 마사 스튜어트 리빙 옴니미디어

마사 스튜어트 리빙 옴니미디어	이익률(%)	ROA(%)	재무 레버리지	ROE(%)
1999년	11.0	9.1	1.4	12.8
2000년	7.5	7.4	1.5	10.8
2001년	7.4	7.2	1.4	10.5
2002년	2.5	2.3	1.4	3.2
2003년	−1.1	−0.9	1.3	−1.2
2004년	−31.8	−20.8	1.4	−28.1
2005년	−36.2	−29.2	1.6	−43.5
2006년	−5.9	−7.1	1.4	−11.7
TTM	−9.3	−12.6	1.8	−22.6
평균	−	−5.0	−	−7.8

수치는 그다지 좋지 않다. 우선 마사가 법을 어기기 전 전성기 시절에도 이 회사의 ROE는 13% 이하였다. 처참한 자본이익률은 아니지만, 사람들은 처음에는 투자된 자본이 많지 않은 비즈니스에서 더 많은 것을 기대하기 마련이다.

마사 스튜어트 리빙 옴니미디어의 사업은 잡지와 TV 쇼를 제작하고 브랜드 사용권을 다른 기업에 판매하는 것일 뿐 공장이나 값비싼 재고를 소유하고 있는 것이 아니다.

따라서 마사 스튜어트 브랜드의 인기가 다시 살아나고 있다 해도, 나는 그녀의 회사에는 경제적 해자가 없다고 결론내릴 수밖에 없다. 이것은 좋지 않다.

투자자본이 많지 않은 회사에서 투자자본이 많은 회사로 넘어가 보자. 아치 콜Arch Coal은 미국에서 두 번째로 큰 석탄 생산 회사이다. 1차 상품 기업이 경제적 해자를 구축한다는 것은 일반적으로 어려운 일이다. 따라서 우리는 분석을 시작할 때부터 약간 회의적인 태도를 지니게 된다. 그러나 수치를 보면 자본이익률이 굉장한 수준은 아니지만 좋은 수준으로 약간 개선되었다. 2004년에는 사정이 약간 좋아졌고, 2006년과 2007년에는 견실한 결과를 보여주었다. 표 11-4를 보라.

과거 몇 년이 이변이었는지, 자본이익률이 평균 이하로 다시 떨어질 가능성이 있는지, 아니면 좋은 결과를 낳은 구조적인 변화가 있었는지 여부에 대해 더 자세히 살펴보자. 우선 아치는 2005년 말에 중앙 애팔래치아에 있는 수익성이 없는 탄광들을 매각했다. 이것은 미래의 자본이익

[표 11-4] 아치 콜

아치 콜	이익률(%)	ROA(%)	재무 레버리지	ROE(%)
1997년	2.8	1.8	2.7	5.0
1998년	2.2	1.3	4.7	4.9
1999년	−22.1	−13.2	9.7	−80.6
2000년	−0.9	−0.6	10.2	−5.5
2001년	0.5	0.3	3.9	1.8
2002년	−0.2	−0.1	4.1	−0.5
2003년	1.2	0.7	3.5	2.7
2004년	6.0	4.0	3.0	12.9
2005년	1.5	1.2	2.6	3.4
2006년	10.4	8.2	2.4	20.5
TTM	7.3	5.0	2.4	12.0

률에 긍정적이다. 둘째, 아치는 와이오밍 주 파우더 강 유역에서 생산되는 석탄 공급을 통제하는 4개 회사 중 하나이다. 이 지역의 석탄은 석탄이 탈 때 발생하는 주요 오염물질 중 하나인 황이 적기 때문에 전력회사들에 판매되고 있다.

이것들은 모두 훌륭한 장점이다. 그런데 만약 아치가 파우더 강 유역에 있는 석탄 제조회사들과만 경쟁한다면, 아치는 그 지역에 있는 경쟁사들보다 계속 낮은 원가로 석탄을 생산하지 않는 한 해자를 가질 수 없다. 그렇더라도 파우더 강 유역의 석탄 생산원가는 미국 내 그 어떤 지역보다 낮다. 파우더 강이 석탄 소비 지역과 멀리 떨어져 있어서 수송비가 많이 들어간다는 것을 계산에 넣는다고 해도 말이다. 그리고 1차 산업 분야에서 같은 제품을 판매하는 다른 회사들보다 지속적으로 낮은 비용으로 제품을 생산할 수 있다면 그 업체는 경제적 해자를 가지기가 수월할 것이다.

그런데 왜 아치의 과거의 자본이익률에서는 이러한 비용의 이점을 볼 수가 없는 것인가? 알고 보니 수년 전에 아치는 지나치게 낮은 가격으로 장기 계약을 체결했고, 이 계약들은 이제 거의 만료되었거나 훨씬 높은 가격의 새로운 계약들로 대체되고 있었다. 이것은 장기적으로 미래의 자본이익이 과거의 이익보다 높을 것이라는 것을 알려준다. 그래서 일시적으로 나는 아치가 좁은 해자를 가지고 있다고 평가했지만, 앞으로 면밀히 아치의 해자를 관찰할 가치가 있다고 생각한다. 만약 파우더 강 유역의 생산비용이 상당히 높아진다거나 정부가 석탄세를 부과하는 등의 규제를 도입하여 다른 자원들보다 석탄의 자산가치가 떨어진다면, 재평가해야 할 것이다. 어쨌든 오늘날 우리가 알고 있는 것에 근거해볼 때 아치는 매우 좁은 해자를 가지고 있다고 생각할 수 있다.

우리의 네 번째 회사는 앞에서 예로 든 3개 회사보다 잘 알려져 있지 않지만, 이 기업을 살펴봄으로써 해자에 대한 많은 사실을 배울 수 있다. 패스널 주식회사는 2,000여 개의 지점망을 통해 미국 전역의 제조업체와 하청업체들에 다양한 정비, 수리 및 운영 제품을 유통시킨다. 회사의 이름이 암시하듯이 취급 제품은 패스너fastener이다. 이 사업은 따분하게 들리지만 일단 표 11-5의 수치를 살펴보자.

와우! 이 사업에 대해서 어떻게 생각하든 이 숫자는 전혀 따분하지 않다. 평균 ROE가 10년 동안 20%가 넘고 재무 레버리지는 매우 낮다. 이것은 매우 드문 성과이다. 실제로 모닝스타의 데이터베이스에 있는 시가총액이 5억 달

[표 11-5] 패스널 주식회사

패스널	이익률(%)	ROA(%)	재무 레버리지	ROE(%)
1997년	10.3	22.9	1.2	28.0
1998년	10.5	23.2	1.2	27.6
1999년	10.8	23.0	1.1	26.2
2000년	10.8	22.4	1.1	25.2
2001년	8.6	16.0	1.1	17.9
2002년	8.3	14.6	1.1	16.3
2003년	8.5	13.9	1.1	15.6
2004년	10.6	18.4	1.1	20.8
2005년	11.0	20.1	1.1	22.7
2006년	11.0	20.6	1.1	23.3
TTM	11.1	19.0	1.2	21.7
평균	–	19.5	–	22.3

러가 넘는 3,000여 개의 주식종목 중에서, 이처럼 뛰어난 자본이익률을 기록한 주식종목은 50건 정도에 불과하다. 물론 문제는 패스널이 단지 운이 좋은 것인지, 아니면 높은 자본이익률을 유지할 만큼 경쟁력을 구축했는지 여부이다.

이 회사를 더 조사해보면 패스널이 7장에서 설명한 시

멘트 및 골재회사와 비슷하게 위치에 기반한 규모의 경제로 이익을 보고 있음을 알 수 있다. 나사, 앵커, 볼트 등과 같은 패스닝 제품들은 무겁고 수송비가 많이 드는 데 반해 제품 가격은 높지 않다. 패스널은 고객과 가까운 곳에 많은 지점을 갖추고 있으므로 원가 우위를 지니고 있다. 거리가 가깝다는 것은 또한 경쟁사보다 배송 시간이 더 빠르다는 것을 의미한다. 제조업체들이 뭔가 부러졌을 때 패스너가 필요하며, 작업을 하지 못하는 정지 시간의 피해가 크다는 것을 감안하면 가까운 거리는 중요한 경쟁력이다.

가장 가까운 경쟁자보다 2배나 더 많은 지점을 가진 패스널은 규모의 이점을 유지할 수 있을 것으로 보인다. 특히 수백 개의 작은 지리적 틈새시장들을 지배하고 있으며, 각 개별 시장 자체로는 수익성이 없기 때문에 경쟁자가 공격하기는 어렵다. 또한 이 회사는 사내에 많은 트럭을 보유하고 있어서, UPS 같은 제3자 운송업체를 이용할 때보다 훨씬 낮은 원가에 제품을 지점 및 고객의 작업현장으로 수송할 수 있다. 따라서 패스널과 경쟁하는 회사는 이 회사와 비슷한 규모의 유통망이 필요할 뿐만 아니라, 충분한 유통 거점을 확보했다고 하더라도 패스널이 시장을 장악하고 있는 지역이라면 수익이 없어도 여러 개의 지점들을 설치해야 하는 것이다. 이것은 상당히 어려운 문제인 것처럼 보인다. 그래서 나는 패스널이 앞으로도 오랫동안 높은 자본이익률을 달성할 잠재력이 있는 넓은 해자를 지닌 기업이라고 생각한다.

마지막 사례로 나는 견실한 자본이익률 기록을 보는 것뿐만 아니라, 사업의 경쟁 역학을 생각하는 것이 중요한 이유를 보여주려고 한다. 표 11-6과 표 11-7을 살펴보자. 이 2개 기업을 2004년경에 보았다면 자본이익률 때문에 군침을 삼켰을 것이다. B사의 기록은 A사의 기록만큼 일관성은 없지만 방향은 분명히 옳은 방향이다.

A사는 피어 원 임포트Pier 1 Imports, B사는 핫 토픽Hot Topic이다. 두 회사는 모두 1990년대 후반과 2000년대 초반에 큰 성공을 거두었던 소매업체이다. 핫 토픽은 40%가 넘는 경이적인 성장을 했고, 피어 원은 10%대 중반의 높은 성장

[표 11-6] A사

A사	이익률(%)	ROA(%)	재무 레버리지	ROE(%)
1998년	7.3	12.8	1.7	21.8
1999년	7.1	12.3	1.6	20.2
2000년	6.1	11.3	1.5	17.7
2001년	6.7	12.9	1.4	17.8
2002년	6.5	12.5	1.5	17.9
2003년	7.4	14.1	1.5	21.1
2004년	6.3	11.7	1.5	21.1
평균	–	12.5	–	19.2

[표 11-7] B사

B사	이익률(%)	ROA(%)	재무 레버리지	ROE(%)
1998년	6.4	9.5	1.2	10.8
1999년	5.8	10.8	1.2	12.8
2000년	8.0	18.3	1.3	22.3
2001년	9.0	22.4	1.2	27.9
2002년	8.5	20.3	1.2	24.4
2003년	7.8	18.9	1.3	23.4
2004년	8.4	19.8	1.3	25.0
평균	–	17.1	–	21.1

률을 구가했다. 두 회사는 모두 상당히 높은 자본이익률을 달성했다. 이 두 회사의 사업의 특성에 대해 생각해보자.

피어 원은 수입 가구와 가정용 소품을 판매하고, 핫 토픽은 십 대 의류 전문 소매점이다. 이 두 회사는 재고를 잘 관리하고 소비자 동향을 잘 파악하고 있는 한 괜찮은 사업을 영위할 수 있을 것이다. 그러나 피어 원과 핫 토픽이 오랫동안 그렇게 높은 자본이익률을 유지할 수 있을 것이라고 자신 있게 예측하기는 어려웠다. 소비자들의 전환 비용은 본질적으로 영^{Zero}이기 때문이다. 지나고 보니 의심을 가진 것이 옳았다는 사실을 알 수 있었다. 표 11-8과 11-9를 살펴보자.

두 회사 모두 지난 몇 년 동안 자본이익률과 주가가 벼랑 아래로 떨어졌다. 2005년 초에서 2007년 중반 사이에 핫 토픽의 주가는 반 토막 났고, 피어 원의 주가는 무려 75%나 하락했다. 두 회사 모두 원인은 같았다. 트렌드가 변화하면서 소비자들이 이 두 회사의 제품을 사지 않게 된 것이다. 피어 원의 경우는 경쟁이 치열해지기도 했다. 소

[표 11-8] 피어 원 임포트 주식회사

피어 원 임포트 (A사)	이익률(%)	ROA(%)	재무 레버리지	ROE(%)
2005년	3.2	5.6	1.6	9.1
2006년	−2.2	−3.6	2.0	−6.4
2007년	−14.0	−21.8	2.5	−47.9
TTM	−16.3	−26.3	2.8	−60.5

[표 11-9] 핫 토픽 주식회사

핫 토픽 (B사)	이익률(%)	ROA(%)	재무 레버리지	ROE(%)
2005년	6.0	14.2	1.5	19.3
2006년	3.1	7.8	1.5	11.5
2007년	1.8	4.4	1.4	6.5
TTM	1.8	4.0	1.5	6.1

매업은 쉽게 얻었다가 쉽게 잃어버리는 어려운 사업이다.

이 사례에서 나는 소매업을 예로 들었지만 소규모 기술 기업을 선택했어도 결과는 마찬가지였을 것이다. 아니, 구조적인 경쟁력이 없다면 어떤 기업이라도 마찬가지다. 요점은 경제적 해자가 없는 기업이 미래에 주주가치를 얼마나 창출할 것인지 예측하는 일은 도박이나 다를 바 없다는 것이다. 그 기업의 과거 실적이 아무리 좋다 해도 이는 전혀 상관이 없다. 숫자를 보는 것은 하나의 시작점에 불과하다. 다음 단계에서 그 기업의 경쟁력이 얼마나 강한지, 그리고 경쟁자를 얼마나 따돌릴 수 있는지 신중하게 생각하는 것이 정말 중요한 것이다.

이제 당신은 정말로 우수한 기업과 미래가 불확실한 기업을 구별해낼 수 있는 모든 도구를 가지고 있다. 하지만 이와 같은 우수한 기업의 주식이 언제 매력적인 가격으로 거래되는지 어떻게 알 수 있을까? 이것이 다음 두 장의 주제이다.

The Bottom Line

1. 어떤 기업이 경제적 해자를 갖고 있는지 알아내려면 먼저 과거 자본이익률 기록을 점검한다. 이익률이 높은 것은 그 회사가 해자를 갖고 있을지도 모른다는 것을 암시한다.

반면에 낮은 이익률은 그 회사의 사업이 본질적으로 변화하지 않는 이상 경쟁력이 없다는 것을 나타낸다.

2. 과거의 자본이익률이 높으면 그 회사가 어떻게 높은 자본 수익률을 유지할 것인지 자문해 보라. 3장~7장에서 배운 경쟁력 분석 도구들을 적용해서 해자를 확인해보라. 계속 높은 자본이익률을 달성할 구체적인 이유를 확인할 수 없다면 그 기업은 해자를 갖고 있지 않을 가능성이 높다.

3. 해자를 발견할 수 있다면 그 해자가 얼마나 강력하며 얼마나 오랫동안 지속될 것인지 생각해보라. 어떤 해자는 수십 년 동안 지속되지만 어떤 해자는 그렇게 오래 지속되지 않는다.

chapter 12

해자의 가치는 얼마인가

초우량주도 비싸게 사면 포트폴리오를 해친다

투자가 경제적 해자가 있는 우수한 기업을 찾는 것만큼 간단한 일이었다면, 주식시장에서 돈을 벌기가 훨씬 더 쉬웠을 것이다. 그리고 이 책은 거기에서 끝났을 것이다. 그러나 현실에서는 주식에 지불하는 가격이야말로 미래의 ROI(투자자본이익률)에 매우 중요한 영향을 미친다. 그래서 프롤로그의 첫 페이지에서 게임 플랜의 2단계를 이렇게 썼던 것이다.

"주식의 가치보다 낮은 가격에 거래될 때를 기다렸다가 매입한다."

가치평가는 꽤나 재미있는 일이다. 지금까지 나는 매우 똑똑한 투자자들을 많이 만나왔다. 그들은 자신이 소유하고 있거나 구매를 생각하고 있는 기업들에 대해서 장황하게 설명했지만, "그 주식의 가치가 얼마입니까?"라는 단순한 질문에는 대답하지 못했다. 자동차에 대해서는 몇 시간을 고민하고, 리터당 휘발유 값 몇 십 원을 아끼려고 1마일이나 떨어진 주유소까지 가는 사람들이 기업의 잠재적인 가치에 대한 아주 모호한 감각만으로 주식을 산다.

내 생각에 그 이유는 주식의 가치를 평가하는 일이 어렵고 심지어 전문가들조차 확신하기 힘들기 때문에, 대부분의 사람들은 포기하고 노력을 하지 않는 것이다. 우리는 어떤 주유소나 자동차 대리점이 좋은 가격에 상품을 판매하는지 알 수 있다. 비슷한 제품이 얼마에 판매되고 있는지 알기 때문이다. 어떤 대리점에서 신형 렉서스를 4만 달러에 판매하는데 다른 대리점에서는 같은 자동차를 4만 2천 달러에 판매하고 있다면, 4만 달러가 비싼 가격이 아니라는 것을 합리적으로 믿을 수가 있다. 그러나 기업을 평가할 때는 두 가지 난제에 부딪힌다.

첫째는 모든 기업이 약간씩 다르기 때문에 절대적인 비교가 어렵다는 것이다. 성장률, 자본이익률, 경쟁력, 그리고 수많은 다른 요인들이 기업의 가치에 영향을 미치기 때문에 2개의 회사를 서로 비교하는 것은 어려운 과제이다 (경우에 따라서는 이 방법이 유용할 때도 있다. 이에 대해서는 본 장의 뒷부분에서 설명하기로 한다).

둘째로 한 기업의 가치는 미래의 재정적 성과와 직접 연결되어 있다는 것이다. 미래의 재정적 성과를 정확하게 알 수는 없지만 과거의 경험을 바탕으로 약간의 추정은 할 수 있다. 이러한 이유 때문에 대부분의 사람들은 주식에 대해 구하기 어려운 정보(사업적 가치) 대신 쉽게 구할 수 있는 정보(시장가격)에 초점을 맞춘다. 이것은 좋지 못한 소식이다. 하지만 우리에게 좋은 소식 한 가지는 주식을 매입하기 전에 기업의 정확한 가치를 알 필요는 없다는 것이다. 우리가 알아야 할 것은 단지 현재 가치가 그 기업이 달성 가능한 가장 높은 가치보다 낮다는 것뿐이다. 이 설명은 어렵게 들릴 수 있으므로 예를 들어보겠다.

2007년 여름에 내가 몇 년 동안 관찰했던 CEB^{Corporate Executive Board}라는 기업의 주가가 지난 1년 동안 반 토막 났다는 사실을 알게 되었다. 이 회사는 몇 년 동안 연간 30%가 넘는 빠른 속도로 매출과 순익이 증가했었다. 그리고 다양한 이유로 벽에 부딪혔다. 매출 성장 속도는 크게 느려졌고, 순익 성장은 약 10%로 하락했다. 약간의 조사를 해보고 나서 나는 이 회사가 시장에서 성장할 여유가 상당히 많다는 사실을 확신했다. 그리고 이 기업의 경쟁력이 아직 강하다는 사실도 자신했다. 다시 30%의 성장률을 달성할 것인가 아니면 향후 성장률이 15% 정도로 크게 하락할 것인가? 정말로 미래는 알 수 없는 것이다. 이 두 가지 시나리오에 따라 주식가치평가는 크게 차이가 났다.

내가 그 주식을 산 이유는 무엇일까? 나는 CEB 주식의 가치는 정확히 알지 못했지만, 그 시점의 주가가 10%의 시장성장률을 가정하고 있음을 암시하고 있다는 것을 알고 있었다. 따라서 나는 그 기업이 10%보다 더 빨리 성장할 수 없는 가능성이 얼마나 되는지 판단하기만 하면 되었다. 내 연구에 근거하여 그것이 매우 가능성이 낮은 결과라고 생각했기 때문에 나는 그 주식을 매입했다. 만일 이 회사가 15%의 성장률을 회복한다면 나의 투자는 상당히 괜찮은 수익을 달성할 수 있을 것이었다. 만일 그 기업이 20%가 넘는 성장률을 달성한다면 홈런을 친 것일 테고 말이다. 기업이 한 자릿수 성장률로 퇴보할 경우에만 돈을 잃게 될 것이고 나는 그런 일이 일어날 확률은 꽤 낮다고 생각했다.

이 사례에서 나는 성장률이 어떻게 될지 알아보기 위해 주식 가격을 역으로 계산했다. 이때 중요한 점은 미래를 정확히 알지 않아도 되며, 단지 주가가 암시하고 있는 것보다 미래가 더 밝을 가능성이 높다는 사실만 알면 된다는 것이다. CEB의 경우 나는 주식의 가치가 85달러에서 130달러일 것이라고 생각했으며, 주식가격이 주당 65달러보다 많이 낮아지지는 않을 것이라고 확신했다. 어쨌든 시간이 흐르면 내가 옳은지 여부가 밝혀질 것이다.

기업의 주식가치를 추정하는 이 간단한 연습은 잠재적인 가치보다 낮은 가격에 주식을 사는 중요한 방법이다. 가치보다 낮은 가격에 주식을 사려면, 그 주식의 가치가 얼마인지에 대한 생각이 있어야 하기 때문이다(이상하게 들리지만 한 번도 자신이 사는 주식의 가치를 평가해본 적이 없는 투자자들이 놀라울 정도로 많다).

기업의 가치는 얼마인가

이 질문에 대해 간단하게 대답한다면 '주식의 가치는 그 주식이 미래에 창출할 모든 현금의 현재가치와 같다'이다.

기업들은 자본을 투자하고 투자에 대한 수익을 발생시켜서 가치를 창출한다. 기업이 창출하는 현금의 일부는 영업비용에 지불되고 일부는 다시 사업에 재투자된다. 나머지는 '잉여현금흐름'이다. 잉여현금흐름은 '주주이익'이라고 부르기도 한다. 이는 기업의 주주들이 회사의 영업을 해치지 않고 회사에서 매년 빼낼 수 있는 금액이다.

잉여현금흐름을 지주가 매년 말에 가져가는 돈으로 생

각할 수 있다. 상가건물의 소유자는 임대료(매출)를 받아서 융자금 및 연간 유지비를 지불하고(영업비용), 가끔 새로운 계단을 만든다거나 중요한 수리를 위해 일부 돈을 쓴다(자본지출). 그러고 나서 남는 돈이 그의 개인적인 잉여현금흐름이다. 그는 이 돈을 은행 계좌에 예금하거나 플로리다에서 멋진 휴가를 보내거나 또 다른 상가건물을 구입하는 데 쓸 수 있다. 어떤 용도로 사용하든 그것은 상가건물을 현금을 발생시키는 사업으로 유지하는 데 필요한 돈은 아니다.

지주의 비유를 계속하자면 임대용 상가건물이 가망 구매자에게 얼마나 가치가 있을지 생각해보자. 성장하고 있다면 분명히 가치가 오를 것이다. 지주가 상가를 더 지을 수 있는 땅이 옆에 있다면 잠재적인 미래의 임대료 수입이 커질 수 있기 때문에, 그 토지가 없는 경우보다 가치가 더 높을 것이다. 임대료 수입의 위험성에 대해서도 마찬가지이다. 건실한 영업점이 많이 들어와 있는 상가건물이라면 지주는 큰 어려움 없이 매월 임대료를 징수할 수 있기 때문에, 부실한 소매점들이 많은 상가건물보다 더 가치가 있다.

또한 자본이익률이 더 높은 건물이 더 가치가 있을 것이다. 만일 임대료를 올려서 투자 없이 수입이 증가한다면, 그 부동산은 임대료가 고정된 건물보다 더 가치가 있을 것이다. 마지막으로 경쟁력을 잊지 말아야 한다. 구획 명령이 발효되기 직전에 지어져서 주변에 새로운 상가건물이 생기지 않게 된 건물은, 신형 상가가 많이 지어져서 경쟁이 심해질 수도 있는 건물보다 더 가치가 높다.

지금까지 당신은 기업가치평가의 기본이 되는 가장 중요한 개념들에 대해서 배웠다. 추정한 미래의 현금흐름이 실제로 실현될 가능성(위험성), 그 예상되는 현금흐름의 크기(성장성), 사업을 유지하기 위해서 필요한 투자의 규모(자본이익률), 그리고 잉여이익을 창출할 수 있는 기간(경제적 해자) 등이다. 주가 배수 또는 기타 가치평가 도구를 사용할 때는 이 네 가지 요인들을 기억하라. 그러면 분명히 더 나은 투자 결정을 내릴 수 있을 것이다.

투기하지 말고 투자하라

세 종류의 기업평가 도구가 있다. 주가 배수, 수익, 그리고 내재가치라는 것이다. 이 세 가지는 투자 도구 모음에서 소중한 것들이다. 현명한 투자자라면 구매를 할 때 이중 두 가지 이상을 적용해보아야 한다. 주가 배수와 수익에 대해서는 다음 장에서 설명할 것이다. 내재가치는 약간 더 복잡하고 할인현금흐름이라는 약간 전문적인 방법이 필요하며 이는 이 책의 범위를 벗어난다.

먼저 주식의 수익에 영향을 주는 요인이 무엇인지 간단히 살펴보면, 주가 배수와 수익을 이해하기가 더 쉬워질 것이다. 장기적으로 주식의 가격을 올리거나 낮추는 것은 두 가지 요인밖에 없다. 성장과 배당에 의해 결정되는 투자수익, 그리고 주가수익비율PER, Price-Earning Ratio의 변화에 의해 결정되는 투기수익이다.

투자수익은 기업의 재무 성과를 반영하고, 투기수익은 다른 투자자들의 수와 변덕을 반영한다고 생각할 수 있다. 어떤 주식이 주당 10달러에서 15달러로 올랐다고 하면 그

것은 주당 수익이 1달러에서 1.5달러로 증가했기 때문일 수도 있고, 주당 1달러라는 가치가 동일해도 PER(주가수익비율)이 10에서 15로 올랐기 때문일 수도 있다. 전자의 경우는 주가가 완전히 투자수익에 따라 움직인 것이고, 후자의 경우는 순전히 투기수익으로 인해서 주가가 상승한 것이다.

당신의 투자 연구를 해자가 있는 기업으로 집중한다면, 투자수익이 극대화될 것이다. 그것이 경제적 가치를 창출하고 장기간에 걸쳐서 수익을 증가시키는 기업을 찾는 것이기 때문이다.

가치평가에 주의를 기울임으로써 당신은 부정적인 투기수익의 위험을 최소화할 수 있다. 다시 말해서 다른 투자자들의 기분이 바뀌어 자신의 투자 성과가 상처를 입을 가능성을 낮추는 것이다. 투기수익은 앞으로 5년이나 10년 뒤에 어떻게 될지 아무도 모른다. 하지만 투자수익에 대해서는 경험을 바탕으로 합리적인 추측을 할 수 있다. 신중한 가치평가는 시장의 움직임으로부터 당신을 보호해줄 것이다.

이제 실제 사례를 살펴보자. 2007년 중반에 마이크로소프트는 지난 10년 동안 주당 순이익을 연평균 약 16% 증가시켰다. 따라서 16%는 이 회사의 10년간 평균 ROI다. 그러나 마이크로소프트의 주식가격은 같은 기간 동안 연평균 7%밖에 오르지 않았다. 이것은 16%의 훌륭한 투자수익을 끌어내리는 데 투기수익이 부정적인 영향을 미쳤음을 의미한다. 실제로 그런 일이 일어났다. 10년 전 마이크로소프트의 주식은 PER이 50이었지만 현재의 PER은 20에 불과하다.

마이크로소프트를 어도비와 비교해보자. 어도비는 포토샵, 아크로뱃 그리고 기타 이미지 처리 소프트웨어 제품을 제작하는 회사이다. 지난 10년 동안 어도비의 PER은 연평균 약 13%로 증가했다. 이것은 투자수익이다. 그러나 주식가격은 이보다 거의 2배인 연평균 약 24%로 증가했다. 지난 10년 동안 PER이 17%에서 현재 약 45%로 바뀌어 투기수익이 엄청나게 증가했기 때문이다.

여기에서 볼 수 있듯이 시장의 분위기(투기수익)가 변하면서 같은 산업에 속한 두 회사의 주식을 샀던 투자자는 지난 10년간 두 회사의 성장률이 비슷한데도 불구하고 극적으로 다른 결과를 맞았다. 마이크로소프트의 투자자는 시장과 거의 비슷한 수익률을 얻었지만, 어도비의 투자자들은 초기 투자액의 몇 배를 더 벌었다.

어도비의 사례는 극단적인 경우이다. 시장이 엄청난 투기수익을 가져다줄 것이라는 기대로 주식을 사는 것은 어리석은 짓이다. 하지만 10년 전에 PER이 17이었을 때 어도비 주식을 산 사람은(마이크로소프트의 PER은 50이었다) 10년 전에 마이크로소프트 주식을 산 사람에게 손해를 입혔던 마이너스 투기수익의 위험을 최소화한 것이다. 운 좋은 어도비 주식매입자는 PER의 엄청난 증가로 인해 쉽게 돈을 벌었다.

가치평가가 중요한 것은 바로 이 때문이다. 가치평가에 주의를 기울임으로써 당신은 미래의 투자수익에 대해 예측할 수 있는 것(회사의 재무 성과)의 영향을 극대화하고 예

측할 수 없는 것(다른 투자자들의 낙관이나 비관)의 영향을
최소화할 수 있다. 뿐만 아니라 좋은 가격에 좋은 주식을
살 수도 있다.

The Bottom Line

1. 한 기업의 가치는 그 기업이 앞으로 창출할 모든 현금
과 같다.

2. 기업의 가치 평가에 네 가지 가장 중요한 요인들은 얼
마나 많은 현금을 창출할 것인가(성장), 추정된 현금 흐름
의 확실성(위험성), 사업을 영위하기 위해 필요한 투자액(자
본이익률), 그리고 회사가 경쟁자들을 따돌릴 수 있는 시간
(경제적 해자)이다.

4. 가치 평가가 낮은 주식을 사면 시장의 변덕에 휘둘리지
않을 수 있다. 미래의 투자수익이 회사의 재무 성과와 밀
접하게 엮이기 때문이다.

chapter 13

주식을 고르는 도구들

할인 판매되는 주식을 찾는 방법

나는 앞에서 신중한 경쟁력 분석이 좋은 결과를 낳기 위해서는 가치평가가 중요하다는 사실을 말했다. 이제 첫 번째 가치평가 도구인 주가 배수에 대해 알아보자.

가장 기본적인 배수는 현재 주가를 주당 매출액으로 나눈 주가매출액비율PSR, Price-to-Sales Ratio이다. PSR의 장점은 모든 회사가 비록 일시적으로 불경기에 빠졌더라도 매출액이 있다는 것이다. 따라서 PSR은 경기에 민감한 기업이나 어려움을 겪고 있어서 일시적으로 수익이 적자인 기업을 분석할 때 특히 유용하다. 그러나 PSR의 문제점은 기업의 수익성에 따라 1달러당 매출의 가치가 적을 수도 있고 많을 수도 있다는 점이다. 소매점과 같이 이윤 폭이 낮은 사업은 소프트웨어나 의약품사업과 같은 이윤 폭이 높은 사업보다 일반적으로 PSR이 매우 낮다. 따라서 다른 산업에 속한 기업들과 비교할 때는 PSR을 사용하지 않는 것이 좋다. 그렇지 않으면 이윤 폭이 낮은 기업들은 모두 주가가 싸다고 생각하고, 이윤 폭이 높은 기업들은 주가가 너무 높다고 생각하게 될 것이기 때문이다.

내 생각에는 PSR은 일시적으로 이윤이 떨어진 기업들이나 이윤이 크게 개선될 여지가 있는 기업들에 가장 유용하다. 높은 이윤은 매출액 1달러당 수익이 더 많다는 것을 의미하며 이것은 PSR을 높이 끌어올린다. 따라서 유사한 수준의 저低 마진을 기록하고 있는 기업들이 일렬로 늘어서 있는데, 이 안에서 당신이 어느 회사의 PSR을 보고, 그 회사가 비용 절감을 할 수 있고, 이윤을 상당히 끌어올릴 수 있다고 생각한다면, 당신의 포트폴리오에 상대적으로 값싼 주식을 보유할 수 있게 된다.

실제로 PSR을 잘 활용하는 한 가지 방법은 성장이 둔화된 고高 마진 기업을 찾는 것이다. 과거에 높은 이윤을 달성했지만 현재는 PSR이 낮은 기업은 다른 투자자들이 그 회사의 수익성 하락이 영구적이라고 생각하기 때문에 시장에서 할인된 가격으로 판매될 수 있다. 실제로 그 회사가 이전 수준의 수익성을 회복할 수 있다면, 그 주식은 가격이 매우 싼 것이다. 이것이 PSR을 PER보다 더 나은 도구로 활용하는 방법이다. 잠재수익보다 수익이 낮은 주식의 PER은 높을 것이다(주당 순이익이 낮으므로). 그래서 낮은 PER을 찾는 것으로는 인기가 떨어진 이와 같은 종류의 주식을 찾아내지 못할 것이다.

장부 보기

두 번째로 흔히 사용되는 배수는 주가순자산비율PBR, Price-to-Book Ratio이다. 이것은 흔히 자기자본Shareholder's equity이라고 불리는 장부가액과 회사의 시장가격을 비교하는 것이다. 장부가액은 공장, 컴퓨터, 부동산, 재고 등 회사에 투자되는 모든 물리적인 자본을 나타내는 것으로 생각할 수 있다.

어떤 경우에 장부가액을 사용하는 이유는 미래의 수익과 현금흐름은 덧없는 것이지만, 회사가 소유한 재산은 실체가 있고 가치도 있기 때문이다.

PBR(주가순자산비율)을 사용하여 주식을 평가할 때 중요한 것은 장부Book가 나타내는 것이 무엇인지에 대해 신중하게 생각하는 것이다. A사와 B사의 수익이나 현금흐름의 1달러가 완전히 똑같다고 해도 장부가액을 구성하는 내용은 전혀 다를 수 있다. 철도나 제조업처럼 자산이 많은 기업은 장부가액이 기관차, 공장, 재고 등 수입을 발생시키는 자산이다. 하지만 서비스나 기술회사는 수입을 발생시키는 자산이 사람, 아이디어, 프로세스이다. 이들은 일반적으로 장부가액에 포함되지 않는다.

뿐만 아니라 경제적 해자를 만드는 경쟁력은 대부분 장부가액에 포함되지 않는다. 예를 들어 할리 데이비슨Harley-Davidson은 이 글을 쓰고 있는 현재 PBR이 약 5이다. 이는 현재의 시장가치가 이 회사의 공장, 토지, 오토바이 부품 재고 등의 순가치의 약 5배라는 뜻이다. 이는 상당히 높은 것처럼 보이지만, 이 회사의 브랜드 이름의 가치가 장부가액에 계산되지 않았음을 생각해보면 그렇게 높지 않다. 할리데이비슨이 25%의 영업이익과 40%의 ROE를 획득할 수 있는 것은 바로 브랜드 때문이다.

장부가액에 대해 알아두어야 할 또 한 가지 사실이 있다. 한 회사가 다른 회사를 살 때 발생하는 권리금goodwill이라고 하는 회계 관습으로 인해 장부가액이 부풀려지는 경우가 많다. 권리금은 구입 대상 회사의 장부가액tangible book value과 구매 회사가 지불하는 가격의 차액이다. 그리고 물리적 자산이 많지 않은 기업의 경우 이 금액은 엄청나게 커질 수 있다.

일례로 아메리칸 온라인American Online이 타임워너를 매입했을 때, 합쳐진 회사의 장부가액은 권리금 명목으로 1,300억 달러나 뛰었다. 문제는 권리금이 흔히 매입하고자 하는 회사가 다른 회사보다 먼저 매입 대상 기업을 사고 싶어하는 욕심을 나타내는 데 불과한 경우가 많다는 것이다. 그리고 그 가치는 논란의 여지가 많다. 가능하면 장부가액에서 권리금을 빼는 것이 좋다. 지나치게 좋아 보이는 PBR을 볼 때는 커다란 권리금 자산이 장부가액을 부풀리기 때문인 경우가 많다.

이와 같은 모든 함정에도 불구하고 왜 장부가액을 따지는가? 왜냐하면 견실한 경쟁력을 지닌 기업의 수가 지나치게 많은 시장 부문, 즉 금융 서비스 부문에 상당히 쓸모가 있기 때문이다. 금융회사의 자산은 일반적으로 유동성이 매우 높다(은행의 대차대조표상에 적힌 대출금을 생각해보라). 따라서 정확히 평가하기가 매우 쉽고, 금융회사의 장부가액은 일반적으로 실제 유형의 자산가치와 상당히 근사하다. 여기에서 유일한 문제점은, 금융회사의 PBR이 비정상적으로 낮은 경우에는 장부가액에 어떤 문제가 있음을 의미할 수 있다. 아마도 그 회사에 탕감이 필요한 부실 채권이 있기 때문일 것이다.

어디에서나 볼 수 있는 주가 배수

당신도 짐작했겠지만 주가 배수에는 좋은 점과 나쁜 점이 있다. 모든 배수의 어머니인 PER도 다르지 않다. PER은 유용하다. 수익은 가치를 창출하는 현금흐름에 대한 좋은 대용품이고, 수익 결과와 추정 값은 거의 모든 정보 출처에서 쉽게 구할 수 있기 때문이다. 그러나 수익은 요란한 숫자놀음이 될 수 있으며, PER은 혼자서는 큰 의미가 없다. 회사에 대해서 우리가 아는 것이 없거나 PER을 비교할 기준 값이 없다면, 예컨대 PER이 14라는 것은 좋지도 않고 나쁘지도 않다.

물론 PER의 가장 까다로운 측면은 주식가격(P)은 하나지만 주당순이익(E)은 여러 개가 있을 수 있다는 점이다. 내 앞에는 지금 가장 최근의 회계연도, 현재 회계연도, 지난 4분기의 수익, 그리고 다음 회계연도에 대한 추정 값을 이용한 PER이 있다. 어느 것을 이용해야 할까?

이것은 어려운 질문이다. 예상수익에 접근할 때는 항상 주의를 기울여야 한다. 이들 예측 값은 그 회사를 관찰하고 있는 모든 월스트리트 분석가들의 일치된 추정 값이다. 그런데 여러 연구에 따르면 이 추정 값은 일반적으로 어려움을 겪은 기업이 회복하기 직전에는 매우 비관적이고, 높은 수익을 얻다가 낮아지기 직전에는 매우 낙관적이라 할 수 있다. 수익이 예상보다 25% 낮다는 것이 드러나면 PER이 합리적인 15에서 비합리적인 20으로 증가한다.

내가 하고 싶은 충고는 회사가 경기가 좋을 때와 나쁠 때 어떤 성과를 냈는지, 회사의 미래 성과가 과거보다 훨씬 더 좋아질 것인지 아니면 나빠질 것인지를 살펴보고 평균적으로 1년에 얼마의 수익을 벌어들일 수 있을지 스스로 추정해보라는 것이다. 이렇게 하는 것이 첫째, 자신이 계산했기 때문에 어떤 추정근거가 들어갔는지 알 수 있고, 둘째, 가장 좋거나 가장 나쁜 시기가 아닌 평균적인 해를 기준으로 삼았기 때문에 자신의 가치평가의 기초로 삼을 수 있어서 가장 좋은 P/E 값이 된다.

일단 자신의 주당순이익(E)을 찾았으면 이제 PER을 사용할 준비가 되었다. PER을 사용하는 가장 흔한 방법은 그

것을 경쟁사, 업계 평균, 전체 시장 또는 같은 회사의 다른 시기 등과 비교하는 것이다. 이 방법을 맹목적으로 사용하지 않고 내가 본장의 앞부분에서 설명한 가치평가의 네 가지 주요 요소, 즉 위험성, 성장성, 자본이익률, 경쟁력을 기억한다면 이와 같은 접근 방법을 사용해보는 것이 좋다.

같은 업계의 다른 기업들보다 낮은 PER로 거래되고 있는 기업은 구입할 가치가 있는 주식일 수도 있고, 자본이익률이 낮거나 성장 전망이 좋지 않거나 경쟁력이 약하기 때문에 PER이 낮은 것이 당연할 수도 있다. 한 회사의 PER을 전체 주식시장의 평균 PER과 비교할 때도 똑같은 제약사항이 적용된다.

2007년 중반 어떤 기업의 시장의 PER이 약 18인데 비해 PER이 20인 기업은 다소 비싸게 보인다. 하지만 이 회사가 넓은 해자를 가지고 있고, 자본이익률이 40%에 달하며, 신흥시장에서 견실한 성장이 전망되는 에이본 프로덕츠[Avon Products]라면? 그러면 아마도 그 주식가격은 전혀 비싸지 않을 것이다.

한 회사의 현재와 과거의 PER을 비교할 때도 이와 비슷한 신중한 태도를 견지해야 한다. 일반적으로 투자자들은 이렇게 말하면서 저평가된 주식을 정당화하는 경향이 있다. "이 주식은 10년 만에 가장 낮은 배수로 거래되고 있어!"(나도 여러 번 이렇게 말한 적이 있다) 다른 모든 것이 같다면 과거에 30~40의 PER로 거래되었던 주식이 20의 PER로 거래된다면 엄청나게 좋은 가격인 것처럼 보인다. 다만 성장 전망, 자본이익률, 경쟁력이 같아야 한다. 그러나 이 중 하나라도 변화했다면 모든 것이 백지로 돌아간다. 결국 과거의 성과가 미래의 성과를 보장하지 않을 수도 있는 것이다.

인기는 낮지만 유용성은 높다

마지막으로 내가 제일 좋아하는 주가 배수는 분모에 수익 대신 영업현금흐름을 사용하는 것이다. 지겨운 회계 이론에 대한 자세한 설명은 생략하고, 수익은 여러 가지 조정을 해야 하는 반면에 현금흐름은 단순히 얼마나 많은 현금이 들어가고 나오는지 보여줌으로써 한 회사의 이익 잠재력을 더 정확히 나타낼 수 있다.

예를 들어 출판사들은 일반적으로 수익보다 현금흐름이 더 높다. 사람들이 잡지를 받기 전에 1년 치 잡지 구독료를 미리 지불하기 때문이다. 반면에 플라즈마 TV 상점과 같이 신용으로 판매하는 기업은 고객이 할부금을 지불할 때까지 현금이 들어오지 않지만, 고객이 TV를 들고 상점문 밖으로 나가는 순간에 수익을 기록하기 때문에 현금흐름보다 수익이 더 높다.

당연히 고객을 위해서 무엇인가 하기 전에 고객이 먼저 돈을 지불하는 것은 상당히 좋은 일이다. 이와 같은 사업 특성을 지닌 기업은(흔히 구독 기반 사업) 수익보다 현금흐름이 높기 때문에, PER을 사용하면 주가가 훨씬 비싸게 보이지만 현금흐름에 대한 주가 비율을 이용하면 합리적인 주가로 보일 수 있다. 이와 같은 종류의 기업은 자본이익률도 높은 경우가 많다. 앞장에서 내가 예로 들었던 기업 집행 이사회라는 회사는 일반적으로 매년 수익보다 50%

더 많은 현금흐름을 보고한다.

현금흐름은 수익보다 더 꾸준하기 때문에 주가 현금흐름비율이 유용한 경우가 있다. 예를 들어 현금흐름은 기업 구조조정이나 자산의 추가 상각으로 인한 비현금 경비의 영향을 받지 않는다. 또한 현금흐름은 몇 가지 방법으로 자본 효율을 고려한다. 성장에 필요한 운영자본이 덜 필요한 기업들은 일반적으로 수익보다 현금흐름이 높기 때문이다. 단, 현금흐름은 감가상각을 고려하지 않는다. 자산이 많은 기업은 수익보다 현금흐름이 높은 경우가 많다. 따라서 감가상각된 자산을 언젠가 교체해야 하기 때문에 수익성을 과장해서 표현할 수 있다.

지금까지 우리의 가치평가 도구 모음의 첫 번째 종류의 도구인 가장 흔한 주가 배수 네 가지에 대해 설명했다. 두 번째로 유용한 도구 모음은 수익률 기반 평가 척도이다. 이 도구의 장점은 채권수익률이라는 객관적인 기준과 직접 비교할 수 있다는 것이다.

수익률에 "예"라고 말하라

PER을 거꾸로 뒤집어서 주당순이익을 주가로 나눈다면, 우리는 이익수익률earning yield을 얻게 된다. 예를 들어 PER이 20(20/1)인 주식은 이익수익률이 5%(1/20)가 되고, PER이 15(15/1)인 주식은 이익수익률이 6.7%(1/15)가 된다. 2007년 중반에 10년짜리 미 재무부 발행 장기채권(T채권)이 약 4.5%로 거래되고 있으므로, 이들 2개 주식의 수익률은 채권과 비교해서 상당히 매력적이다. 물론 이 2개 주식에 대한 투자수익을 얻을 것이라는 보장은 하지 못한다. 반면에 T채권은 상당히 믿을 만한 미국정부가 보증하는 것이다. 하지만 위험성이 증가하는 대신 무엇인가 긍정적인 것을 얻게 된다. 채권의 지급액은 고정적이지만 한 기업의 수익 흐름은 일반적으로 시간의 흐름에 따라 증가하는 것이다. 인생에서 얻는 게 있으면 잃는 게 있는 법이다.

우리는 이익수익률을 현금수익cash return이라는 것으로 개선시킬 수 있다. 현금수익이란 우리가 회사를 샀을 때, 모든 부채를 갚고 잉여현금흐름을 유지했을 때 얻는 연간 현금수익이다. 앞 장의 상가건물의 비유로 되돌아가면 현금수익을 구매 가격의 일정 비율로써 유지 비용을 지불한 후부터가 상가건물을 소유함으로써 얻을 수 있는 수입으로 생각할 수 있다. 현금수익은 부채를 포함하여 회사 전체를 구매한 비용에 대비하여 그 회사가 만들어낼 수 있는 잉여현금흐름이 얼마인지 알려준다.

이 척도는 잉여현금흐름(주주이익)을 보고 회사의 자본구조 안에 부채를 포함시키기 때문에 이익수익률을 개선시킨 것이다. 현금수익이란 잉여현금흐름과 순지급이자를 더한 값을 기업가치로 나눈 것을 말한다. 여기서 기업가치는 회사의 시가총액(자기자본)에 장기부채를 더하고, 대차대조표상의 모든 현금을 뺌으로써 구할 수 있다(참고로 잉여현금흐름은 영업현금흐름에서 자본 지출을 뺀 것이며, 순지급이자란 지급이자에서 이자소득을 뺀 것이다).

예를 들어보면, 타이코 인터내셔널Tyco International이 분할되기 전에 이 회사의 일부였던 엄청나게 큰 의료기업인 코비디엔 주식회사Covidien Ltd.를 간단히 살펴보자. 2007년에 코비디엔은 잉여현금흐름으로 약 20억 달러를 공시했고, 이자로 약 3억 달러를 지급했다. 20억 달러에 3억 달러를 더하면 23억 달러가 되므로, 이 23억 달러를 기업가치로 나누어보면 현금수익을 알 수 있다. 이 회사의 시가총액은 200억 달러이고 장기부채는 약 46억 달러이다. 이 값들을 합친 값에서 대차대조표상의 현금인 7억 달러를 뺀 값인 239억 달러가 코비디엔의 기업가치가 되고, 23억 달러를 239억 달러로 나눈 9.6%가 현금수익률이 된다. 코비디엔은 전망이 좋은 여러 의료시장에 제품을 판매하기 때문에 현금흐름이 시간에 따라 증가한다는 것을 고려하면, 이 수치는 꽤 괜찮은 비율인 셈이다.

이제 주가 배수와 수익률 같은 여러 가지 가치평가 도구를 알아보았으니, 당신은 언제 어떤 도구가 유용하고, 언제 유용하지 않은지 알게 되었을 것이다. 그렇다면 이 도구들을 활용해서 주식의 가치가 본래 가치보다 높은지 낮은지를 어떻게 판단할 수 있는가?

이 질문에 대한 대답은 '아주 신중하게' 판단해야 한다는 것이다. 이 대답이 부족한 듯하다면 저평가된 주식을 찾으려면 상당히 많은 연습과 시행착오가 필요하다고 말할 수 있다. 그러나 다른 투자자들보다 조금 더 성공 확률을 높일 수 있는 다섯 가지의 방법이 있다.

첫째, 항상 네 가지 가치평가 요인들, 즉 위험성, 자본이익률, 경쟁력, 성장성을 기억하라. 다른 모든 것이 동일하다면 위험성이 높은 주식일수록 더 낮은 가격을 지불하고, 자본이익률이 높거나 경쟁력이 강하거나 성장 전망이 높은 기업일수록 더 높은 가격을 지불해야 한다.

이들 요인은 서로 복합적이라는 사실을 기억하라. 오랫동안 성장할 잠재력이 있고 투입자본금이 낮으며 경쟁이 없고 근거 있는 위험성이 있는 기업은, 성장 잠재력이 비슷하지만 자본이익률이 낮고 경쟁력 전망이 불확실한 기업보다 훨씬 더 가치가 높다. 인기 있는 주가수익성장률 PEG, P/E-to-Growth Ratio만 맹목적으로 고려하는 투자자는 이 중요한 점을 놓치기 쉽다. 그들은 높은 자본이익률로 성장하는 것이, 낮은 자본이익률로 성장하는 것보다 훨씬 더 가치 있다는 사실을 잊고 있는 것이기 때문이다.

둘째, 여러 개의 도구를 사용하라. 어떤 비율이나 척도를 사용했을 때 주식이 싸다면 다른 척도도 적용해보라. 다양한 척도들이 항상 좋게 나오기는 힘들겠지만, 정말로 그런 일이 일어난다면 실제로 저평가된 기업을 찾았다는 좋은 지표이다.

셋째, 인내심을 가져라. 좋은 기업의 주식이 좋은 가격에 거래되는 것은 흔히 일어나는 일은 아니다. 워렌 버핏은 이렇게 말했다. "투자에는 스트라이크를 불러주는 심판이 없다." 가격이 적당하다면 소유하고 싶은 관심종목들의 목록을 가지고 적당한 가격이 될 때까지 기다린 다음 움켜잡는다. 지나치게 까다로울 필요는 없지만(기회에는 비용이 따른다) 결정이 불분명할 때는 한 가지를 기억하라. "언제든지 돈을 벌지 못하는 것이 돈을 잃는 것보다 더 낫다."

넷째, 강인해져라. 우리가 투자해야 하는 바로 그때 세상은 우리에게 투자하지 말라고 말을 할 가능성이 높다. 좋은 기업들이 좋은 가격에 거래되는 때는 신문 헤드라인

이 긍정적이고 월스트리트가 밝을 때가 아니다. 뉴스가 좋지 않고 투자자들이 과잉반응할 때 주식가격이 싸진다. 모든 사람이 매각할 때 사야 한다. 이것은 쉬운 일이 아니지만 수익성이 좋다는 것이 장점이다.

다섯째, 자기 자신을 믿어라. 전문가의 권고에 근거한 결정보다는 자신이 어렵게 얻은 기업에 대한 지식에 근거하여 투자 결정을 내릴 때 더 좋은 결정을 내릴 수 있다. 그 이유는 단순하다. 만일 당신이 어떤 회사의 경제적 해자의 원천을 이해하고 그 회사의 주식이 가치보다 낮게 거래된다는 것을 안다면 자신의 성질을 죽이고 어려운 결정을 내리는 성공적인 투자자가 될 가능성이 훨씬 높아질 것이다. 그러나 당신이 스스로 연구하지 않고 계속해서 다른 사람의 권고에 의존한다면, 그 충고가 좋은지 항상 의문을 가질 것이고 결국 높은 가격에 사서 낮은 가격에 팔게 될 것이다.

세계에서 가장 좋은 기업이라도 너무 높은 가격에 산다면 좋지 않은 투자가 될 것이다. 1999년이나 2000년에 코카콜라나 시스코를 샀던 사람에게 물어보라. 그 당시에 이들 기업은 대단했고, (물론 지금도 그렇지만) 가치평가가 너무 높아서 손실이나 이익을 따질 여유가 없었다. 가치평가를 면밀하게 생각하지 않고 주식을 사는 것은 희망소비자가격을 보지 않고 자동차를 사는 것과 마찬가지다. 자동차를 사면 최소한 운전을 할 수 있지만 너무 비싼 주식을 사면 그와 같은 부가적 이익은 없다. 가치평가가 당신의 종목 선택에 있어서 역풍이 아니라 순풍이 되도록 해야 할 것이다.

The Bottom Line

1. PSR은 일시적으로 수익성이 낮아졌거나 실제 능력보다 낮은 이윤을 달성한 기업들에게 유용하다. 더 높은 이윤을 달성할 잠재력이 있는 기업의 PSR이 매우 낮다면 가격이 싼 주식을 발견했을 수도 있다.

2. PBR은 금융 서비스 기업들에게 가장 쓸모가 있다. 이들 기업의 장부 가액은 실재 유형의 가치에 더 잘 반영되

기 때문이다. 극도로 낮은 PBR은 장부 가액에 문제가 있음을 나타낼 수 있기 때문에 조심해야 한다.

3. P/E 비율에서 주가수익(E)이 무엇을 나타내는지 항상 주의해야 한다. 가장 좋은 것은 자신이 계산한 주가수익을 사용하는 것이다. 그 기업이 호경기와 불경기에 어떤 성과를 보였는지 살펴보고 미래가 과거보다 훨씬 더 좋아질 것인지 혹은 나빠질 것인지 생각해보고 평균적인 연도에 이 회사의 수익이 얼마나 될 것인지 스스로 추산해보라.

4. 주가 현금흐름비율은 순익에 비해 많은 현금을 버는 기업들을 찾는 데 도움을 줄 수 있다. 현금을 미리 받는 기업들에게 가장 좋지만 감가상각되어 언젠가는 교체해야 하는 물리적인 자산이 많은 기업일 경우에는 수익성이 과대평가될 수도 있다.

5. 수익률 기반의 가치 평가는 채권과 같은 다른 투자와 성과를 비교할 수 있기 때문에 유용하다.

chapter 14

언제 매도할 것인가

현명한 매도는 수익을 향상시킨다

1990년대 중반에 나는 컴퓨터 저장장치를 판매하는 EMC 주식회사라고 하는 작은 회사를 알게 되었다. 이 주식에 대해 약간의 연구를 했고, PER이 약 20이기 때문에 다소 비싸지만 데이터 저장장치에 대한 높은 수요와 EMC 의 견고한 시장 지위를 생각해볼 때 꽤 빠르게 성장할 것 이라고 생각했다. 그래서 나는 이 회사 주식을 내 포트폴 리오 규모에 비해 상당히 많이 매입하였다.

그 후 이 회사의 주식은 3년 만에 5달러에서 100달러로 상승했다. 그리고 1년 후에 다시 5달러로 떨어졌다. 나는 내 주식의 3분의 1가량을 꽤 높은 가격에 매각했지만 대부분의 주식은 다시 떨어졌다. 구매결정은 매우 좋았지만 매도를 좀 더 현명하게 했더라면 전체적인 수익률은 훨씬 더 좋았을 것이다.

투자에서 가장 어려운 부분이 무엇인지 전문 투자자에게 물어보라. 그러면 대부분은 최고가가 되거나 최고가가 되기 직전, 즉 올바른 판매시점을 아는 것이라고 말할 것이다. 이 장에서 나는 여러분에게 올바르게 매도하는 기준을 제공하려고 한다. 적시에 올바른 이유에서 주식을 파는 것은 성장 잠재력이 많은 주식을 사는 것만큼이나 ROI에 중대한 영향을 미치기 때문이다.

올바른 이유로 매도하라

매각을 생각하고 있을 때 자신에게 다음과 같은 질문을 해본다. 이 중 하나 이상의 질문에 "예"라고 대답할 수 없다면 매도하지 않는 것이 좋다.

▶ 실수를 했는가?

▶ 회사가 악화되었는가?

▶ 돈을 투자할 다른 더 좋은 종목이 있는가?

▶ 포트폴리오에서 이 주식이 지나치게 많은 비율을 차지하고 있는가?

아마도 가장 고통스러운 매도 이유는 자신이 실수를 했다는 것이다. 하지만 처음에 그 회사에 대해 분석할 때 뭔가 중요한 것을 놓쳤다면, 그것이 무엇이든 최초의 투자 명제가 옳지 않다는 것을 의미할 수 있다. 아마 당신은 경영진이 회사를 회복시키거나 손실이 있는 부문을 매각할 것이라고 생각했겠지만, 회사는 오히려 그 부문에 더 많은 돈을 쏟아 부었을 수도 있다. 아마도 당신은 그 회사가 강력한 경쟁력을 가지고 있다고 생각했겠지만, 경쟁사에서 그 회사의 매출을 갉아먹기 시작했을 수도 있다. 또는 아마도 신제품의 성공을 과대평가했을 수도 있다. 실수가 무엇이었든 투자 근거가 더 이상 타당하지 않다면 매입했던 주식에 매달릴 가치가 없다. 손실을 줄이고 계속 앞으로 나아가라.

여러 해 전에 나는 상업용 영화 프로젝터를 제조하는 한 회사의 주식을 실수로 매입했던 적이 있다. 이 회사는 강력한 시장점유율과 훌륭한 실적을 보유하고 있는 데다 시장 상황도 멀티스크린 극장이 전국에 잡초처럼 번지고 있던 때였다. 불행하게도 나의 예상 성장률은 너무 높았던 것으로 드러났다. 멀티플렉스 건물 경기가 사그라들고 있었기 때문이다. 극장 소유자들은 재정적 어려움에 빠지기 시작했고 채무에 대한 이자를 지불하느라 바빠서 새로운 극장을 건설하는 데 관심이 없었다. 내가 이 사실을 알게 된 시점에는 상당한 투자 손실이 생겼지만 그래도 나는 그 주식을 매각해버렸다. 그 주식은 이후에 초저가주로 추락해버렸다. 나의 매각 결정은 옳은 것이었다.

이것은 말하기보다 실행하기가 훨씬 더 어렵다. 사람들은 자신이 구입한 주가에 고착되어버리는 경향이 있고, 돈을 잃는 것을 싫어하기 때문이다.

수많은 심리학 연구서에 따르면 사람들은 같은 금액의 돈을 벌 때 느끼는 기쁨보다 잃을 때 느끼는 고통이 거의 두 배 가까이 크다는 사실이 입증되었다고 한다. 이로 인해서 회사의 미래에 대한 우리의 평가가 완전히 틀렸다는 사실보다는, 우리가 주식을 구매했을 때의 가격과 같은(회사의 미래 전망에 대한 영향이 전혀 없는) 부적절한 정보에 초점을 맞추게 된다.

고착화를 피할 수 있는 한 가지 방법은 다음과 같다. 주식을 살 때마다 그 주식을 산 이유와 그 회사의 재정 성과에 대한 기대를 대략적으로 적는다. 분기별 수익 전망 같은 것에 대해서 이야기하고 있는 것이 아니라 단지 대략적인 예상을 말하는 것이다. 매출 성장이 일정할 것인가 아니면 빨라질 것인가? 이익률이 올라갈 것인가 내려갈 것인가? 그 후 회사 사정이 악화될 경우 그 종이를 꺼내서 그 주식을 구입한 이유가 여전히 합당한지 생각해본다. 만일 그렇다면 계속 유지하거나 추가 매입한다. 하지만 만일 그렇지 않다면 해당 주식으로 돈을 벌었든 잃었든 상관없이 매각하는 것이 최선의 선택일 가능성이 높다.

주식을 매도하는 두 번째 이유는 기업의 기반fundamentals
이 크게 악화되어 회복의 기미가 보이지 않을 때이다. 장
기 투자자에게 이것은 가장 흔한 매도 이유 중 하나일 것
이다. 최고의 기업들도 여러 해 동안 성공한 후에 벽에 부
딪힐 수 있다. 회사의 전망과 가치평가, 경쟁력에 대한 초
기의 평가가 100% 옳았을 수도 있다. 그리고 그 주식을 보
유하면서 많은 성공을 거두었을 수도 있다. 하지만 경제학
자 케인스John Maynard Keynes도 말했듯이 '사실이 바뀌면 생각
을 바꾸어야' 한다.

모닝스타에서 내가 다루었던 최근의 사례를 들어보겠
다. 게티 이미지Getty Images는 광고회사나 출판사 등 고해상
도의 이미지를 필요로 하는 소비자들에게 디지털 이미지
를 공급하는 회사이다. 이 회사는 엄청난 규모의 디지털
이미지 데이터베이스를 구축하여 막대한 돈을 벌어들였
고, 결국 업계 최대의 이미지 거래 시장이 되었다. 게티는
사진가들에게는 이미지를 데이터베이스에 올리기 쉽게 해

주고, 이미지 사용자들에게는 필요한 이미지를 정확히 찾을 수 있게 해주었다. 한동안 사업은 잘나갔다. 성장률과 자본이익률도 높았고 영업 레버리지도 굉장히 좋았다.

그런데 무슨 일이 일어났는가? 본질적으로 이 회사를 성공시켰던 것과 동일한 디지털 기술이 그 회사의 가치를 떨어뜨렸다.

고품질 디지털 이미지에 더 많은 사용자들이 접근할 수 있게 되자, 값싼 카메라로 전문가 수준의 이미지를 쉽게 만들 수 있게 된 것이다. 이로 인해 게티의 이미지보다 품질은 낮지만 가격은 훨씬 저렴한(수백 달러가 아니라 수 달러) 이미지를 판매하는 웹사이트들이 생겨났다. 까다로운 품질을 요구하지 않는 고객들에게는 그것으로도 충분했다. 게다가 온라인상에서 사용되는 이미지는 인쇄매체에서 사용되는 이미지만큼 고품질일 필요가 없다. 따라서 게티의 경제성과 성장 전망은 크게 악화되었다.

주식을 매도하는 세 번째 이유는 더 좋은 투자처를 찾은 것이다. 자본이 제한된 투자자로서 당신은 자신의 투자가 가장 높은 예상수익률을 가지고 있다는 것을 항상 확신해야 한다. 저평가된 주식을 팔아서 매력적인 기회를 제공하는 다른 주식을 구매하는 행위는 완전히 논리적이며 매우 좋은 아이디어이다. 물론 세금도 고려해야 한다. 과세 계정의 매도를 정당화하려면 비과세 계정인 경우보다 잠재적인 거래차액이 더 커야 할 것이다. 가격 상승 잠재력이 20%인 주식에서 30%인 주식으로 이동하기 위해 포트폴리오를 계속해서 조정하는 행동은 권장하지 않지만, 정말로 좋은 기회가 왔을 때는 기존 주식을 팔아서 자금을 조달해야 한다.

예를 들어 2007년 여름이 끝날 무렵 금융 경색이 일어나 시장이 주식을 팔아치웠을 때 금융 서비스 주식은 완전히 전멸되었다. 일부는 그렇게 된 것이 당연했지만, 항상 그렇듯 월스트리트는 목욕물과 함께 많은 아이들을 버렸고 많은 주식이 형편없이 낮은 가격으로 떨어졌다. 나는 이와 같은 일이 일어날 때를 대비하여 개인 현금 계정의 5~10%를 항상 따로 준비해놓고 있다. 언제 시장이 정신을 잃어버릴지 알 수 없기 때문이다. 하지만 여러 가지 이유 때문에 나는 이 대량 매물로 인한 급락장에서 보유하고 있던 여유 현금이 매우 적었다. 그래서 나는 내 기존 포트폴리오의 상승 잠재력을 월스트리트가 매물로 내놓은 금융 주식 일부와 비교하기 시작했다. 그 결과 내가 소유한 지 얼마 지나지 않았던 한 종목을 매도하여 장부가액보다 낮은 가격에 거래되는 은행 주식을 매입하였다. 이것은 매우 가치 있는 거래였다.

가끔 자신의 돈을 현금으로 보유하는 것이 더 좋을 때가 있다. 주식가치가 자신이 생각했던 것보다 훨씬 더 높아졌고 앞으로 예상되는 수익률이 마이너스라면, 지금 당장 다른 투자처가 없더라도 그 주식을 파는 것이 이치에 맞는다. 가장 낙관적인 가치평가도 넘어선 주식을 소유할 때는 수익률이 마이너스가 될 것이기 때문이다. 현금이 주는 수익률은 영^{zero}이지만 그래도 마이너스 수익률보다는 낮지 않은가.

주식을 파는 마지막 이유는 가장 좋은 이유이다. 투자로 큰 성공을 거두었고 시장가치가 증가해서 포트폴리오의 상당히 많은 비율을 차지한다면, 위험도를 낮추어서 그 주식의 비율을 줄이는 것이 합당할 수도 있다. 이것은 매우 개인적인 결정이다. 어떤 사람들은 집중화된 포트폴리오를 매우 편안하게 생각하기 때문이다(2007년 초에 내 개인 포트폴리오의 절반은 2개의 주식으로 구성되어 있었다). 그러나 많은 투자자들은 개별주식의 비율을 자신의 포트폴리오의 5% 정도로 제한하는 것을 더 선호한다. 자신이 결정할 문제지만 하나의 주식이 자신의 포트폴리오의 10% 이상을 차지하는 것이 걱정된다면, 아직도 저평가된 것처럼 보인다고 해도 자신의 느낌을 존중해서 그 주식의 비율을 낮추는 것이 좋다. 결국 자신의 포트폴리오와 함께 살아야 될 사람은 자기 자신이므로 개별 주식의 비율을 줄이는 것이 더 마음이 편하다면 그렇게 해야 한다.

이 장을 마무리하기 전에 나는 간단하게 위에서 설명한 네 가지 이유 중 어느 것도 주가에 근거를 두지 않는다는 사실을 강조하고자 한다. 모든 이유는 당신이 주식을 소유한 회사의 가치에 일어나는 일 또는 일어날 가능성이 있는 일에 중점을 두고 있다. 회사의 가치가 하락하지 않았다면, 단지 주가가 떨어졌다고 해서 매도하는 것은 전혀 사리에 맞지 않는다. 역으로 주식의 가치가 갑자기 치솟았다고 주식을 매도하는 것도 사리에 맞지 않는다. 다만 회사의 가치가 주가와 동시에 증가하지 않았다면 주식을 매도할 수도 있다.

포트폴리오에 속한 주식의 과거 성과를 이용하여 매도 시기를 결정하는 것은 구미가 당기는 일이다. 하지만 기억할 것은 과거에 주가가 어떠했는지보다는 미래에 기업의 성과가 어떻게 될지를 예상하는 것이 더 중요하다는 것이다. 구멍이 뚫린 주식이 결국 회복될 이유가 없는 것처럼, 자주 오르는 주식이 떨어지는 것도 이유가 없다. 20% 하락한 주식을 소유하고 있고 회사 사정이 악화되어 회복되지 않고 있다면, 손실로 처리하고 세금 감면을 받는 것이 좋다. 중요한 것은 항상 주식의 과거 성과보다는 회사의 미래의 성과에 집중해야 한다는 것이다.

1. 회사 분석에 실수를 했다면 그리고 원래 매입 이유가 더 이상 합당하지 않다면 매도하는 것이 가장 좋은 선택일 가능성이 높다.

2. 견고한 기업들이 결코 변화하지 않는다면 좋겠지만 그런 경우는 거의 없다. 기업의 펀더멘털이 일시적이 아니라 영구적으로 악화한다면 매도를 하는 것이 좋다.

3. 최고의 투자자들은 항상 자신의 돈을 투자할 최고의 투자처를 찾고 있다. 약간 저평가된 주식을 매도하여 엄청나게 싼 주식을 매입하는 것은 현명한 전략이다. 현재 가격이 매력적인 주식이 없다면 지나치게 고평가된 주식을 팔고 수익을 현금으로 보관하는 것도 좋은 전략이다.

4. 포트폴리오의 많은 비율을 차지하는 주식을 매도하는 것은 투자자의 위험도 내성에 따라 합리적일 수도 있다.

숫자보다 중요한 것

나는 주식시장을 사랑한다. 그러나 나는 업무보고서와 연방준비은행 회의를 둘러싼 야단법석이나 분기별 수익 보고 회의록이 뉴스로 보도될 때 일어나는 숨 막힐 듯한 토론을 사랑하지 않는다. 이것은 대부분 소음에 불과하며 개별 회사의 장기적인 가치와 거의 무관하다. 나는 이것을 대부분 무시한다. 당신도 그렇게 해야 한다.

내가 아침에 일어나는 이유는 수천 개의 회사가 "어떻게 경쟁사보다 더 많은 돈을 벌 수 있을까?"라는 똑같은 문제를 해결하기 위해 노력하는 것을 볼 수 있는 기회가 있기 때문이다. 다양한 방식으로 경쟁력을 만들어내는 기업들과 단지 우수한 기업들과 위대한 기업들을 구분하는 것을 보는 것은 끝없이 흥미진진한 지적인 훈련이다.

물론 탁월한 기업들이 내재가치보다 낮은 가격에 거래될 때까지 인내심을 가지고 기다렸다가 투자한다면 금전적인 보상을 받을 수도 있다. 핵심은 자신의 포트폴리오에 있는 기업들이 열심히 일해서 내게 투자수익을 올리게 해줄 수 있는지를 알아야 한다는 것이다. 강력한 경쟁력을 지닌 기업들은 정기적으로 20%가 넘는 자본이익률을 달성할 수 있다. 이렇게 높은 수익률을 오랜 기간 동안 달성할 수 있는 펀드매니저들의 수는 매우 적다.● 이런 비율로 자본을 복리로 증가시킬 수 있는 기업의 부분적인 소유자가 될 수 있는 기회를 이용하면(특히 주주 지분을 80%의 할인된 가격으로 구매한다면) 시간의 흐름에 따라 많은 부를 구축할 수 있다.

투자에 대해서 많은 사람들이 알지 못하는 사실은 투자가 단순한 숫자 게임이 아니라는 것이다. 재무제표에서 최

● 2007년 중반 모닝스타의 데이터베이스에 있는 5,550개가 넘는 종목들로 구성된 24개의 펀드는 지난 15년 동안 15%가 넘는 연간 수익률을 달성했다. 이것은 결코 쉬운 일이 아니다.

대한 많은 정보를 얻으려면 기본적인 회계를 이해할 필요가 있다. 하지만 나는 기업을 잘 분석하거나 주식을 선택하는 재주가 없는 똑똑한 회계사들을 알고 있다. 기업에서 현금이 어떻게 흐르는지, 그리고 그 현금흐름 과정이 재무제표에 어떻게 반영되는지 알 필요가 있지만 그것만으로는 불충분하다.

정말로 좋은 투자자가 되려면 많이 읽어야 한다. 『월스트리트저널』 『포춘』 『배런스』와 같은 주요 경제지는 자신만의 기업 데이터베이스를 확장시키는 데 도움이 된다. 더 많은 기업들에 대해 잘 알고 있을수록 비교하거나 패턴을 찾기가 더 쉽고 경쟁력을 강화시키거나 약화시키는 것이 무엇인지 알 수 있다. 장담하건대 단기적인 시장 움직임, 거시경제 트렌드, 또는 이자율 예측에 대한 글을 읽는 것보다 기업들에 대한 글을 읽는 것이 투자 과정에서 훨씬 더 많은 가치가 있다. 1개의 연례보고서를 읽는 것은 연방준비은행 회장의 연설을 열 번 듣는 것만큼의 가치가 있다.

이와 같은 출판물들을 일상적으로 읽고 있다면 다음에

는 성공한 펀드매니저들에 대한 책과 그들이 쓴 책들을 읽어본다. 성공적으로 투자를 했던 사람들에게 투자에 대해 배우는 것보다 더 좋은 방법은 없다. 분기별 주주 통신문도 같은 이유에서 중요하다. 게다가 무료이다. 내 생각에는 견실한 펀드매니저가 자신의 포트폴리오에 대해서 쓴 분기별 통신문은 세계에서 가장 활용되지 않고 있는 투자자원 중 하나이다. 더구나 가격도 싸기 때문에 지불하는 금액보다 더 높은 가치가 있다.

마지막으로 사람들이 투자 결정을 내리는 방식과 그 과정이 숨겨진 편견들로 가득한 이유를 알려주는 책들이 있다. 게리 벨스키Gary Belsky와 토마스 길로비치Thomas Gilovichi의 『돈의 심리학』, 필 로젠츠바이크Phil Rosenzweig의 『헤일로 이펙트』, 그리고 제이슨 츠바이크Jason Zweig의 『머니 앤드 브레인』과 같은 책들은 자신의 의사결정 과정의 오류를 찾고 더 영리한 투자 결정을 할 수 있게 도와준다. 나는 이 책의 아이디어들도 같은 역할을 할 수 있기를 희망한다.